二〇一四年に法人路交館の中にインクルーシブ（共生）教育研究所が設立されて、ソーシャル・インクルージョンにむけた理論と実践を模索する活動をしてきたのですが、堀智晴はその報告をブックレットの一つとして世に問うことにしました。

これらのブックレットに続いて、法人路交館の事業所の活動についてもブックレットを刊行されることを期待したいと思っています。

このブックレットを共生社会に向けた一つの「たたき台」として、多くの方に読んでいただき、ご批判をいただきたいと願っています。そして、この日本社会の真の意味でのソーシャルインクルージョンの実現に少しでも寄与できれば幸いと考えます。

二〇二三年一〇月二〇日

堀　智晴

（インクルーシブ（共生）教育研究所・代表）

目次

第一章　私が暮らした猪飼野（いかいの）……1
第二章　地域活動専従者としての第一歩（一九七七年～一九八一年）……5
㈠　一九七七年ごろまで……5
㈡　住宅入居差別問題……8
㈢　地問懇と生野オモニハッキョの開校……10
(1)　聖和教会の礼拝堂　10
(2)　地問懇からオモニハッキョへ　11
㈣　地活協（地域活動協議会）活動専従者……15

(1) 初めての世界　15
(2) チネカ神父　18
(3) 生野の高校生らによるフィリピンワークキャンプ（一九七八年八月）　21
(4) 香港研修　26
(5) 聖フランシスコ保育園「日照権を守る闘い」　33
(五) **障がい児の親、子育てと地域活動**……37
(1) 幼児期　37
(2) 学童保育所　39

第三章　新しい地域活動の拠点……45
(一) **社会福祉法人設立**……48
(二) **聖和社会館、活動の初期**……50

(三) 聖和社会館……54
(四) 生野民族文化祭……60
(1) 一九八〇年ごろの猪飼野　60
(2) 朝鮮人の祭り　63
(五) 指紋押捺拒否……81
(六) いくの生活ともの会……88
(七) 〝光州（クワンジュ）〟（一九八八年夏）……90
(八) 日韓保育交流（一九九二年八月、光州保育所訪問）……95
(1) はじまり　95
(2) 光州訪問と保育教師らとの出会い　97
(3) 日韓保育交流　100
あと書き……103

第一章　私が暮らした猪飼野（いかいの）

私は猪飼野で育ち、生きた。五十歳を過ぎてその地を離れ、現在まで日本と韓国の生活を反復しながら暮らしているが、もう二十五年ほど前のことになる。しかし、何処にいても猪飼野の記憶と思いは身体の細胞に深く棲みこんでいて離れることはない。一九四七年生まれである私は、人生の終焉を意識するようになった。それで、まだ気力があるうちに私なりの歩みを書き残そうと思った。他の人に読んでもらうと言うよりも、それなりに〝地域活動家〟として生きた〝自らへの報告書〟であると思っている。

〝猪飼野〟という地名は、一九七三年二月一日、大阪市の地名変更にともなってなくなった。しかし、そこに生きる多くの人々は今も愛着をもって猪飼野と呼んでいる。現在その地は、鶴橋・中川・桃谷などに変った。

猪飼野の真ん中を流れる平野運河は、農村地域から大阪市の一部になり、変遷と朝鮮から渡日した人々の哀苦の歴史とともに時代が過ぎた。もともと大阪市の東南部に位置する低湿地地域の農村で、蛇行する川によって氾濫することも多かった。そんな地域に変化が訪れたのは明治の終わりごろである。日露戦争で疲弊した経済を建て直すため明治政府は全国的な地方改良運動に取り組んだ。丁度、大阪市の人口増加による都市部の拡張とも相まって、地場（地域）産業振興政策が打ち出された。この地域の農村では都市化に向けた耕地整理事業とともに地場産業の育成が行われた。〝生野の地卵〟として有名になったほどに養鶏場が多くつくられた。私が通っていた中川小学校の脇に大きな養鶏場があった。隣接する田島地域のレンズ工場、猪飼野は錠前などの金属機械加工業による下町工場が多くあった。

大雨でたびたび洪水を繰り返す平野川などが埋め立てられ、新たに運河を開削する工事が大々的に行われた。猪飼野の象徴のひとつでもある平野運河である。日本の韓国併合（一九一〇年）後、日本人による朝鮮農民の土地収奪が横行した。零細な農村地域が多かった朝鮮東南部（慶尚道）の農民が渡日して開削工事に従事したことが、朝鮮人が暮らすようになる始まりである。現在も運河の流れに平行するかのように狭い路地と〝長屋〟形式の家が多く残っているのが、工事で働く労働者の〝飯場〟の名残でもある。同郷者の多くが同じ長屋で生活したようだ。ちなみに私が幼い時に住んだ長屋は「忠清（チュンチョン）路地」と呼ばれていた。強制連行され筑豊の炭鉱で働いた父親が〝逃亡〟、戦後たどり着いた場所でもある。父親は忠清道出身者でそのような情報は人づてに伝わり同郷の人々が暮らす街にたどり着いたのだった。

一九一〇年代の半ば頃、大阪には約六千人の朝鮮人が渡日していた。そのほとんどは朝鮮半島の南部の農村出身者だった。猪飼野では今の朝鮮市場（御幸通商店街）もできた。やがて済州島からの出稼ぎ労働者も増えた。一九二一年には朝鮮人教会が生まれ、一九三五年に近鉄奈良線のガードの北側に朝鮮人キリスト教会（鶴橋教会、現在の韓国大阪教会）の会堂が建立された。そこから程近い場所（千日前筋）の北側の町工場で松下幸之助は〝二股ソケット〟を発明した。また、小説「血と骨」の作家、梁石日（ヤンソギル）も平野運河の側で暮らした。

平野運河の開削工事は一九三〇年代半ばには完工するが、済州島から多くの人々が渡日してきた。大阪港と済州港を往来する定期航路（君が代丸）も就航し、今日のような朝鮮人居住地域が形成された。現在、東成区役所にある場所で代書屋を営んでいた四代目桂米團治は、落語「代書」で、済州島から日本への渡航証明書を申請する朝鮮人（済州島出身者と思われる客の方言）とのやり取りを面白おかしく描いている。弟子である桂米朝の著書の中に〝台本記録〟として収録されていて当時を知るうえの貴重な資料となっている。ただ言葉の表現などから、現在高座で演じられることはない。戦後の猪飼野の朝鮮人の社会的状況などは後述する。

第二章　地域活動専従者としての第一歩（一九七七年～一九八一年）

(一)　一九七七年ごろまで

私の家は猪飼野で小さなゴム工場を営んでいた。子どもの頃から家族みんなで家業に従事した。学校から帰ってから、出来上がった製品の整理などを毎日のように手伝った。幼いころから手伝っていたのでそれが当たり前だと思った。物心つくころから母親の働く姿を見てきたので、朝早くから夜遅くまで働いているのが普通のことと思っていた。

私が成長した時代、ほとんどの朝鮮人が〝差別〟という重い荷物を背負って生きた。日本人の友人たちが学校を卒業、就職して社会生活を送るのは〝別の世界の出来事〟だと思っていた。大学を中退して結婚、家業に従事するのに何の躊躇もなかった。私は一九七一年の春、父親と一緒に祖国韓国を初めて訪問した。日本社会の差別とそれを背負って生きなければならなかった〝根っこの部分〟、すなわち朝鮮、韓国とはどん所なのか一度は自分の目で確かめたかった。いちばんの印象は「みんな当たり前のように韓国語で喋っていた」ことだった。韓国人の私は日本語を話し、母国の言葉はほとんど解らなかった。田舎の小学校教師をしていた女性と結婚した。当時の韓国で女性の職業が教師というのは〝人が羨む〟時代だった。結婚したからといってすぐに来日できなかった。日本と韓国の法的手続きを終え、日本に入国できるには婚姻申告してから早くて半年、いや一年かかることもあった。父親は方々手を尽くして四ヶ月ほどで妻は来日した。

　私は彼女が家内工業で、家族みんなで働く家の嫁が務まるのかという不安を持ちつつ来日を待った。彼女は来日した翌日、何も言わないのに朝早くに実家に向かった。そこで母親の横に座って一緒に仕事をし始めた。どこか家業に自信を持てなかった私は恥ずかしかった。差別を理由に自分を匿って、正面を向いて生きてこなかったと思うと恥ずかしかった。

　子どももふたり生まれた。一九七六年秋、次男が生まれて間もない時に交通事故にあった。後遺症に悩まされ、家業にも身が入らない日々だった。翌年に鍼灸治療を受けて少しずつ回復し始めたころに新聞の記事が目に入った。「男性も保育士試験可」という内容だった。私は子どもの頃からキリスト教会（日本キリスト教団大阪聖和教会）に通っていた。日曜日になると一日中、教会にたむろしていた。教会の横には聖和社会館があって、子ども会などの活動が行われていた。しかし、韓国人である私がクラブ活動をすることはなかった。教会の青年会活動には熱心にかかわった。一九七四年ごろだったと思うが前任牧師の辞任にともない、妹尾活夫牧師が代務者になり、後に牧師として赴任することになった。後で触れるが妹尾牧師の赴任は、地域社会における日本人と朝鮮人の関係に大きな変化をもたらすひとつの契機になる。

妹尾牧師に〝保育士の記事〟の話をした上で、どこか実習のできる保育所がないだろうか?と相談した。妹尾牧師が紹介してくれたのは大正区小林の「大正めぐみ保育園」だった。そこの園長の益谷寿牧師を紹介してくれた。益谷牧師は西成で労働者支援や保育所の活動、日本キリスト教団部落解放運動に関わった人である。

一九七七年の初冬、約一月間めぐみ保育園に通った。実習とは名ばかりで、園児たちと〝遊ぶ〟のが私の役目だった。ある日、昼食を終えてから園児らにせがまれるままに園庭で〝花いちもんめ〟をした。楽しくてみんなの声が大きくなった。主任が出てきて「とっかんさん、乳児らが昼寝してるんですよ」と叱られた。実習のいちばんの思い出である。ある日実習を終えて市バスで大正駅に向かう後部座席で、とつぜん止めどもなく涙があふれ出た。「三十歳にもなって何をやっているんや」、生きる目標を見いだせず心が漂流する自分に対する挫折感を持った。

(二) 住宅入居差別問題

実家のゴム工場のプレス加工で働いていたころ、KCC(在日韓国キリスト教会館)の人たちがよく外国人を案内し〝在日の生活状況〟を説明していた。その時の崔忠植、カナダ人のマッキントッシュ牧師、李清一幹事(後、館長)らとの出会いが地域活動という未知の世界に足を踏み入れる契機になった。

一九七六年暮ごろから「外国人不可」「外国人あきません」という張り紙が見られるようになった。以前は不動産業者の間で暗黙的に行われいた朝鮮人への入居差別が公然と行われたのだった。戦前の新聞にも同じような出来事の記事は見られるが、今の時代になっても根強い差別意識が残っていたのだ。KCCは地域の問題に関心のある人々に呼びかけて「地問懇(生野地域問題懇談会)」を組織、住宅差別問題に取り組んだ。中心メンバーのひとりだった金幸一(キムヘンイル)は〝同気房(トンギバン)〟というエスペラント語の同好会などを運営していた青年だった。大阪府の担当者や不動産業者らとの差別撤廃に向けた交渉が行われた。交渉の会場は大阪聖和教会の礼拝堂が使われた。その管理などは教会員の私に任された。〝在日問題〟なのだからと、自然と私がその役割を担うようになった。何かズルズルと地域問題の深みに関わされていくような気がした。最後の交渉となったその日の出来事が今も忘れられない。

交渉の場で業者の代表らは「差別ではなくて区別だ」と強弁し、問題解決の糸口を見いだせなかった。突然、同席していた大阪府の担当者が「こんな差別が平然と行われているのは恥ずかしい」と怒った。さらに「今後もこのような差別をするなら業者資格免許の取り下げも辞さない」と言った。それを聞いた私は内心、〝そんな事を言って大丈夫だろうか？〟と、正直驚いた。交渉が終わって外に出ると、先ほど大阪府から叱責された業者らが話し込んでいるのを見た。「あの野郎（担当者）覚えておけよ」と憤っていた。翌春、その担当者に人事異動があったと聞いた。私は〝左遷された〟と直感した。業者らの言葉を記憶していたからだ。〝共生〟という言葉すらなかった時代で、地域社会においては追及する交渉だけでは問題は解決しない、ということを知った。後日、金幸一が対立した業者との関係改善に努力していると聞いた。ねばり強く〝朝鮮人住民を商売の顧客とする良好な関係の必要性〟を説得していたという。朝鮮人住民にとっても居住問題は切実だったからだ。

(三) 地問懇と生野オモニハッキョの開校

(1) 聖和教会の礼拝堂

聖和教会の一階礼拝堂。四〇坪ほどの小さな会堂である。しかし猪飼野の真ん中にあったこの場所は、一九七〇年後半になると地域運動などで重要な役割を担うことになる。

前の項では地問懇が提起した住宅差別問題の交渉の場となったことを書いた。地問懇はその後、在日韓国教会青年会や地域労働組合、日本の学校における民族教育に取り組む教師など、在日問題に関心を持つ人々も加わるようになった。

妹尾活夫牧師は一九七六年、代務教師として聖和教会に赴任した。前任教会は大阪市北区の扇町公園近くの東梅田教会だった。彼は一九六〇年～一九七六年までの在任期間中にビルを建てた。ビルの上階は教会堂の礼拝堂や集会室に使って、残りの階は賃貸とした。賃貸による収入はビルの建築費の償還と隠退牧師が暮らす施設の建設基金にする考えだった、と私に話してくれた。

一九七一年には在日朝鮮人の人権問題にかかわる「在日外国人の人権を守る会」を組織した。そんな妹尾牧師が猪飼野の真ん中にある聖和教会に赴任したのだから、在日朝鮮人問題に関わらないはずがなかった。

当時、妹尾牧師は大阪府能勢に家があって、土曜日の夜に教会に来た。平日に地問懇や在日の集会などがある時は、教会の近くに住む私に礼拝堂の管理が任された。朝鮮人の多住地域であるが故に、朝鮮半島をめぐる南北対立をめぐる在日問題も複雑だった。また、朝鮮人と日本人住民の葛藤など、多くの課題を抱えた地域だった。そんな地域に緩衝帯の役割を持つ空間ができた。在日二世である私は、妹尾牧師の赴任とともに否応なく関わらざるを得なくなった。

(2) 地問懇からオモニハッキョへ

ある日、いつものように会議を礼拝堂で行っていた。その時、ひとりのハルモニ（おばあさん）が入ってきた。聖和教会の信徒で私も親しくしていたひとだった。彼女は「私は天王寺夜間中学校に通っているけれど、友だちのなかには家の近所でそれも日本語の文字だけを教えてほしいと思っている」と訴えた。

活動が始って間がないとはいえ、地問懇で〝識字〟が話題になることはなかった。地域の課題、なかでも在日朝鮮人問題を話し合いすることが多かったが、このことは話題にならなかった。その場には市外教（大阪市外国人研究協議会）の事務局の扇田文雄や区内の公立小学校にある「民族学級」にかかわる教師らもいて、彼女の訴えを重く受け止めた。在日朝鮮人のメンバーのなかには朝鮮語でない〝日本語教室〟に対する疑問もあがった。歴史的な観点から〝名前や言葉〟の使用を禁止（奪われた）された人に地問懇が日本語教室を開くことへの反対だった。この問題は識字教室が開設されてからも〝在日〟の教師が少ないことにもつながった。

地問懇は識字学校の開設準備を始めた。扇田は「日本の学校に在籍する朝鮮人児童生徒の教育を考える会（通称、考える会）」に長く関わってきた教師だった。彼の提案で天王寺夜間中学校の教師をしていた稲富進から〝識字運動〟の基本的な意義などを学んだ。猪飼野から多くの一世ハルモニたちが学んでいる実情も知った。何よりも天王寺夜間中学校に通う生徒の六割が一世女性だという話が印象的だった。

地問懇は「生野識字学校」の開校を決めた。教室はやっぱり聖和教会の礼拝堂になった。当然の流れで私に管理を任された。教会の信徒であること、週二回（月・木）の夜間の授業にあわせて教会の門を開けること、トイレや掃除なども含めた教会側との連絡など、教会の近所に住む私しかいなかった。礼拝堂を使うことに好意的でない信徒らからの苦情の対応など、考えもしなかった〝日常〟に戸惑うことも多かった。無知な在日二世の青年が地域活動の〝アリ地獄〟に足を踏み入れた、とは気づかなかった。

一九七七年七月、「生野識字学校」は開校した。机や椅子、黒板は教会のものを使った。〝本当にオモニ

（生徒）が来るだろうか？不安だった。初めはオモニよりも教師の方が多かった時期もあったが、教室の噂が地域にひろまり生徒が増え始めた。生徒を〝オモニ、オモニ〟と呼ぶうちにみんながオモニハッキョと呼ぶようになり、自然と〝生野オモニハッキョ〟になった。それにともない地問懇は解散することになった。

ハッキョの噂が広まるにつれて生徒も増え出した。一年後には生徒が七〇人をこえるほどだった。教室が足らなくて礼拝堂の二階の牧師館の部屋を使うことになった。四つの部屋、食堂まで使った。このことは教会の顔色を伺いながら、私が手配した。この事情は私以外、教師らが知るよしもなく、〝使って当然〟と思っていたようだった。授業の終わりは夜の九時、帰りの電車も気になるので最寄の桃谷か鶴橋駅に急がなければならない。それがわかるので、生徒や教師らが帰った後、教会をひとりで掃除することも多かった。生徒の増加で机や椅子が足らなくなった。扇田らの努力で、御幸森小学校で使われなくなった椅子や黒板を譲ってもらった。なにしろ木造りの椅子が重くて、扇田らと汗だくになりながら二階にあげた。

間もなくハッキョの運営をめぐって〝主導権争い〟が起った。ハッキョの噂が広まるにつれて色んな人々が〝見学〟にきた。在日朝鮮人に関心のある著名人らは運営委員会に来て〝ハッキョの意義〟を説く。東京からも有名な俳優や文化人もやってきた。私はそんなことはどうでも良かった。週二回、オモニたちが楽しそうに、熱心に文字を学ぶ姿が嬉しかったからだ。テレビやマスコミで報道されるのも嫌だった。報道を見て教師を担ってくれる人が増えることは嬉しかったが、文化人などが来たときなどは冷たく対処した。

一九七九年の夏休みを前にして、ハッキョは分裂した。解決する出口が見えない議論が続いた。私は何人かの教師仲間とある結論をだした。金幸一らは「在日オモニたちをキリスト教が利用している」と言った。〝教会とハッキョの間に入ってしんどい思いをしてるのに〟という腹立たしさはあったけれども、彼らの主張を受け入れることにした。ハッキョは秋の新学期から生野区民センターに移転することになった。私たちは空っぽになる礼拝堂で、新たにいちから〝教室〟を始めることにした。秋の新学期になった。私はハッキョが移転したことを知らないオモニが教会に来るかも知れない、といつものように礼拝堂にいた。すると次々にオモニたちが何事もなかったかのようにやって来た。彼女たちにとっては通い馴れた場所（教会）が〝教室〟だったのだ。金幸一らも何事もなかったかのように戻ってきた。この時の経験は地域活動をするのに大きな経験になった。地域活動とは、日常生活のように長く淡々と行っていくものだ。生野オモニハッキョは現在も多くの〝オモニと教師〟の学びの場が続いている。

(四) 地活協（地域活動協議会）活動専従者

生野オモニハッキョで活動を始めて間もなく、地問懇の活動を誘ってくれた李清一からある提案を受けた。一九七七年の十二月のはじめだったと記憶する。彼は地域活動とは何か?ということを一から教えたくれた〝恩人〟で私の良き指導者でもあった。生野地域にあるキリスト教会が地域の課題を住民と共に解決するために「生野地域活動協議会」を組織したと言う。これはエキュメニカル（超教派）運動のひとつだと知ったのは後のことだ。協議会のスローガンは「地域を私たちの手で新しく」、私の地域活動の方向は決まった。

(1) 初めての世界

私は家業の小さなゴム工場に従事していた。ゴムのプレス工で、金型で自転車のゴム部品を成形する仕事だ。二百度近い高熱でプレスで加工するのだが、真夏、仕事が終わると腕には塩の結晶ができるほどの作業だ。その仕事場に時々外国から研修視察にくるようになった。在日朝鮮人の生活や置かれた状況を知るためだと言う。カナダ人宣教師のマッキントッシュ牧師とも親しくなった。その関わりから地問懇の集まりに顔をだすようになり、外国人入居差別問題とも絡んで李清一らと顔を合わす機会が多くなった。

ある日、李清一から〝地活協（生野地域活動協議会）の専従者として働いてみないか〟との誘いを受けた。交通事故後精神的にも悩み、家の仕事にも身が入らない日々が続いていた。その話を父親にすると反対はしなかった。朝鮮人の儒教的価値観では長男に対する期待も大きかったはずだったが、私の状況を見かねていたこともあったからだったと思う。一九七八年の年明けから地活協の主事として働くようになった。私はそれまで〝外の世界〟で仕事をした経験がなかった。まったくの世間知らずの私が〝地域活動〟を生業とするのだから、無謀なことだったかも知れない。ＫＣＣ会館内の事務所の机ひとつが地活協の〝事務所〟だった。特に与えられた〝仕事（活動）〟はなかった。要は、私の活動や役割は自ら判断して創り出せということだった。李清一は必要以外には「ああしろ、こうしろ」とは言わなかった。ただ、機会があるごとに〝地域活動とは何か？〟ということをいろんな事例を話してくれる機会をたくさん作ってくれた。そして彼は特別な場合以外、常に私を〝秘書〟のように同伴した。彼と一緒に出会う人々や場所は〝未知〟の世界であった。私は〝世間知らず〟そのものだった。キリスト教関係者、大学教授、経済人、弁護士、人権活動家など日本人、朝鮮人など多様な人々と知り合えた。人と出会って語り、聞くことにより少しずつ〝社会〟を知っていった。そこで知った人がまた他の人や場所を教えてくれ、私の〃社会的な視野〃を広げてくれた。

李清一を通じて知った辻暉夫は私に〃違った〃世界を見せてくれた。辻は元毎日新聞記者で「解放新聞大阪支局」で働く解放新聞大阪版の編集者だった。彼からはよく電話で呼び出された。大阪天満のＰＬＰ会館にもよく連れていかれた。会館は当時、大阪の政治や労働運動、部落解放運動などの軸になっていた場所でもある。辻は多くの知人を私に紹介してくれもした。会館近くの居酒屋にもよく連れていかれた。辻は「ここはウーマンリブ運動を担う女性たちの店や」と、言った。そこでは英語講座なども行われ、様々な分野の活動家が利用していた。そこのメンバーだった〃かんこさん（松井寛子）〃は西区九条「シネ・ヌーブオ」における映画活動で知られる。〃ピーコさん（北村智子）〃は反戦平和運動の歌手として活動、現在は〃機関紙編集クラブ〃の編集者になっているが、彼女たちの名前や活躍を知るのはずっと後になってからのことだ。道頓堀通りの南筋に坂町と呼ばれる細い路地がある。ここにも辻によく連れていかれたが、一九八〇年ごろには門もない小さなバーがたくさん集まっていた。椅子が五〜六しかない狭い場所で高齢女性が店の主人だった。そこには文人、記者、労働運動家など多様な人たちがたむろしていた。辻がそんな世界を〃紹介〃してくれて私の地域活動家としての〃世界観〃を広めてくれた。辻と訪れるショットバーなどに行くといつも気になる客がいた。カウンターで飲む姿はとてもかっこ良い印象を持った。彼の名は久保田豊。聖和社会館で働くうちに、大阪市政調査会（大阪市労連）や市職（大阪市職員労働組合）と繋がる機会ができて、〝カッコの良い男性〟が市職書記だとわかるのには時間がかからなかった。彼は後述する日韓保育や光州の人たちとの交流で大きな力になってくれることになるとは夢にも思わなかった。

そんな地域活動家初歩生の私は、その年の春、ＳＣＭ（学生キリスト教運動）生野・釜崎地域現場研修の生野地域のコーディネートを委せられた。若いスタッフが私しかいなかった、という事情もあったが私には任が重すぎた。李清一に言われるがまま準備するしかなかった。〝現場で働きながら日本の社会における被抑圧者の状況を知る〟という主旨で、全国から学生らが参加した。猪飼野で育ち、家内工業に従事してきたので研修生の実習先を探すのは難しいことではなかった。

ＳＣＭを支える協力委員会には飛田雄一がいた。当時は神戸学生青年センターの主事（後、館長）で、神戸で様々な人権・社会活動をしていた。私はそんなセンターがあることすら知らなかったが、飛田には後に社会館活動の初期を支えてもらうことになる。

(2) チネカ神父

地活協はキリスト教超教派（エキュメニカル）組織である。地域の様々な問題を「私たちの手で解決しよう」というのがスローガンであった。チネカ（ウイレハド・Ｒ・チネカ）神父は生野カトリック教会の司祭だった。一九五七年、二八歳の若さで来日、二〇〇三年にドイツに帰国するまで、特に一九八〇年代半ばまで生野で宣教活動をした。一九七三年、猪飼野の南端の大池橋の近くに障がい児通園施設「生野こどもの家」の開園に努力するなど、さまざまな福祉活動に関わった。ちなみに知人からもらった三枚の写真が私の机の目の前に置かれている。「幸せな人生でした」と書かれた小さな葉書と来日する前の若かりしころの写真、そしてドイツの彼が眠る墓の写真である。

いまでこそ障がい児の統合教育や共同保育などが広まっているが、彼は生野という複雑な問題を抱える地域でたくさんの実践を試みた。一九六六年には、家内工業が密集する地域に乳幼児保育所「ヨルダン保育所」を開設した。前年に韓国から韓国殉教福者修女会のシスターらが来日していたこともあって、チネカ神父はヨルダン保育所の活動を修女会たちが担うようにした。地域の家内工業で働き、乳児を抱え悩む朝鮮人女性を支えた。

友人だった金順子（キムスンジャ）はその保育所で働き、のちに韓国のカトリック教会の幼稚園で研修を受けた。韓国語を学んで帰国した彼女がヨルダン保育所で働いている時、オモニハッキョの初期活動に加わり地域活動を共にすることになった。

一九七三年、チネカは教会の敷地に障がい児通園施設「生野こどもの家」を開設した。月川至などそこで働く職員たちは、施設という枠から出て地域社会における活動をひろげるため「出発の家」を組織、障がい者の〝就労と共生〟活動を展開するようになった。

私は猪飼野で育ったので、地域のことは当たり前にように知っている、と勝手に思い込んでいた。しかし、いざ地活協の活動を始めると〝そこに住んでいるから知っている〟と錯覚していたとがわかった。人に猪飼野のことを話すにも、地域の成り立ちや課題などを漠然と解っているのだと思い込んでいた。ある日、一人の老人が訪ねてきた。名刺には「生野民話の会代表」と書かれていた。丁度、地域のことをもっと知る必要があると思っていた頃だった。時間があれば生野地域を歩きはじめるようになっていた。生野区の隅々まで何度も〝探査〟したことだろうか。そんな時に堀井守三という老人に出会った。正直、最初は在日朝鮮人に好意的ではない、と感じた。彼がくれた生野民話の〝小冊子〟には朝鮮人に関する記述はほとんどなかったからだ。彼は森之宮駅のそばにある神社のことを繰り返し話した。その神社は「鵲の森神社」と呼ばれていて、「朝鮮の新羅から鵲が贈られた」ということを強調して語った。何度か会ううちに親しくなった。チネカ神父にそのことを話すと興味を持った。アイデアマンだったチネカと私が相談した結果、障がい者と共に歩く〝生野の民話を訪ねるツアー〟を企画することになり、堀井老人に案内と講師を依頼した。

出発の家の仲間や生野カトリック教会の信徒ら約二百人ほどの人々が車いすを連ねて〝民話の遺跡〟を訪ね歩いた。みんなで歩く姿はテレビにも放映されたが、その映像は壮観なものだった、という記憶が残る。

ある日、堀井老人はポツリと言った。「トッカンさん、最近地域の婦人会などの集まりに行くと、アンタはいつから朝鮮人の肩を持つようになったんや、とよく言われるんですよ」と言うのだ。同じ地域に住みながらも日本人と朝鮮人の間にある感情の溝を改めて知った。一〇年ほど前、ふとネットで〝堀井守三〟を検索してみた。そこで三田の高齢者施設の入所者に〝元気に語る一〇五歳の老人〟がいるという記事を目にした。「あっ、堀井さん百歳過ぎても元気なんだ」と、四〇年以上前のことを昨日の事のように懐かしく思った。

(3)　生野の高校生らによるフィリピンワークキャンプ（一九七九年八月）

一九七九年の春だったと思うが、李清一はチネカ神父から「フィリピンのバギオの日系人の支援活動をするシスター海野」の話を聞かされた。彼は〝組織運動家（organaizer）〟として卓越したアイデアを提示する。オモニハッキョの時もそうだった。彼が提案し語る言葉は新鮮で感嘆することも多かったし、後に私の地域活動の方向性で大きな影響を受けた。

李清一とチネカとの話からバギオを訪問する企画が浮上した。計画は李が主導してある程度の構想ができれば、それを推進するため具体化するのが私の役目になる。その〝方法論〟は後に様々な地域運動を企画、実践するのに大きな参考になり、無意識的に身についていった。

チネカ神父は、シスター海野の活動を大阪池田在住の大内照子が支援していると紹介した。それらの過程を経て、李清一は「生野の高校生によるフィリピンバギオでのワークキャンプ」の企画を説明してくれた。生野地域活動協議会と大阪南ＹＭＣＡの共同企画、チネカ神父とカトリック教会が後援するという構想だったように記憶している。

地域でそれを具体的に推進していくのが私の仕事なのだ。〝本当に実行できるのか？〟という不安で頭がいっぱいになった。それでもフィリピンバギオの現地は大内とチネカ神父（カトリック教会）、ＹＭＣＡは費用支援と職員（主事）が同行するなどの計画が進んだ。ワークキャンプに参加する高校生は私が募るのだ。このワークキャンプは「生野に住む日本人と韓国人高校生が外国であるアジア、フィリピンを訪問。海外ワークキャンプを通じて日韓高校生としての〝地域における共生〟を考える」という大きなテーマでだった。

まずはワークキャンプに参加する高校生を集うことから始めなければならない。最初に私が卒業した高校に在籍する二人は内定。韓国教会、聖和教会で親しくしていた高校生らだった。他の高校生の参加をどう募るのか？地問懇に加わっていた教師から府立勝山高校英語教師の鍵谷桂子を紹介された。彼女はキャンプの主旨に賛同してくれ、五人の参加者（日本人二人、韓国人三人）を募ってくれた。鍵谷自身も参加することになり英語通訳の心配は解消できた。マニラで活動する日本人女性が協力してくれることになった。参加者はすべて男子高校生だった。

ワークキャンプの目的地はフィリピン・ルソン島の北部ベンケット州のバギオ。そこは標高千五百メートルの高地にある都市だ。もともとはスペインの植民地支配を受けたのでカトリック教会の宗教と文化的影響も色濃く、それは今日も続いている。アメリカはスペインとの戦争の賠償としてフィリピンを植民地にした。タガログ語などフィリピンの生活言葉とは別に、国の公式言語は英語である。アメリカは植民地支配の過程でバギオを保養地にしようとした。日本の戦後、進駐軍の保養地として軽井沢を造成したのと同じだ。マニラからバギオまでの道路建設が難題であったアメリカは、日本から建設労働者を募り、難工事を克服、一九〇三年に〝ケノン道路〟は完成した。日本の東北地方から多くの労働者が従事した。長引く工事の過程で、多くの人々が山岳民族の女性と結婚、家族を持って工事の完成後もそこで暮らした。先の戦争で日本は東南アジアで侵略戦争を拡大しアメリカとの開戦後、フィリピンは戦場となり日本が支配した。その戦争に日本語が話せる、という理由からそこで暮らす日系人を徴集した。戦争の進める〝道先案内〟や通訳の軍属とした。日本の敗戦とアメリカの再支配により日本に協力した人々は、〝戦争犯罪人〟〝国家反逆罪〟となることを恐れ山岳地帯に身を隠した。彼らの生活は困窮し日系であることを隠し続けた。

シスター海野（海野常世）はミッションスクール（高校）を六〇歳で定年退職、〝メスティーソ〟と呼ばれる日系の人々の生活支援や子どもたちの奨学基金づくりに奔走した。カトリック教会の敷地には日系女子学生たちの寮もつくった。

八月、生野の日韓高校生らと私たちスタッフはマニラに到着した。その日はマニラYMCAユースホステルに宿泊。みんなは高温と湿度の高さでぐったりした。翌日、マニラのターミナルからバスでバギオに向かった。舗装がされているとはいえ、バスは山岳地帯の狭い山道をゆっくりと走った。深い緑色の山林の坂道を五時間ほど走りバギオターミナルに着いた。〝ジプニー〟と呼ばれる乗り合い自動車に乗って宿泊地になる女子修道院に向かった。高校生たちは初めて見る異国の風景に関心を高めている様子だった。

早速翌日から活動することになった。ワークキャンプの場所は修道院から車で約一時間。私たちが乗るジプニーの運転手は、ケノン道路の工事で働いた日本人の孫で、祖母は山岳民族だった。幼い時、日本の敗戦により家族みんなで山奥に潜んで暮らしたという。シスター海野の支援によってバギオ近郊で暮らすようになったという。そんな話を高校生らは神妙な顔付きで聞いた。山道を車で一時間ほど走るとそこには山小屋があり、あたりは岩の多い丘陵だった。私たちの目的は丘の中程の岩を取り除き台地にする作業だった。耕作のための〝水を確保する〟ポンプ台を設置するための台地を造成する作業だ。日本から折りたたみ式のスコップなどを持参した。硬い岩場での作業と暑さで高校生たちの表情は硬かった。五日間ほど作業して、一応の台場を確保してその年の作業を終えることにした。翌年もワークキャンプを続けるつもりだったからだ。休憩の時には近くを散策した。その近くにはマルコス大統領の別荘があった。戦争時、日本軍司令部に使われていた。アメリカ軍の攻撃で、マニラから後退した日本軍総司令官の山下奉文陸軍大将が自決した処である。私たちが作業した近くの岩場には、戦死した日本軍兵士の、ビニール袋に包まれた遺骨も目にした。農夫からの話を聞きながら高校生らの表情は強張った。その場で一緒に黙祷した。

私たちの宿舎は高校生が暮らす女子寮の一角にあった。女子高校生らは〝異国からの高校生〟に興味津々で英語で声をかけてきて、日本からの高校生らと若干の対話する時間もあった。一週間ほどその寮で泊まったのですこしずつ親しくなっていった。

マニラに戻った私たちは、その街が持つ課題を学ぶための現場研修を受けた。旧日本軍の捕虜収容所跡があるというのでマニラＹＭＣＡに案内を依頼した。しかし何か誤解したようで、私たちが訪問したのは本物の〝刑務所〟だった。監視台からは銃を構えた警備員もいた。中に入ると庭で囚人らがバスケットボールを楽しんでいた。牢の鉄格子から私たちに手を振っている囚人たちもいた。高校生らの緊張が少し解けたのか笑顔で手を振っていたのが印象的だった。

午後にはマニラ最大のスラムであるトンドに行った。海辺のゴミ捨て場であるトンドでは、子どもたちが捨てられたゴミの山から〝再利用〟できるものを探し、それを売って生計の足しにしているという。海の上の住宅にも行った。高校生らと私はズボンを捲り上げて、膝まで汚れた海水に漬かりながら、ある民家に案内された。民族服を着た家の女性は思いもかけない〝珍客〟を歓迎してくれた。

キャンプに参加した高校生らは、真っ黒に日焼けした顔で日本に戻った。なかでも在日の高校生は、バギオやマニラにおける体験をとおして日本社会における自分達の〝今と将来〟を考える機会になったようだった。シスター海野は私たちが掘り起こした岩を集め修道院の入り口に、マリア像の祠を造ってくれた。翌年の夏、第二回ワークキャンプは二人の女子高校生も参加して実施された。私が地活協を離れたあともワークキャンプは続けられた。

(4) 香港研修

ある日、李清一から香港で〝アジア地域の活動家〟に対する研修があるので行って見てはどうか、と提言を受けた。一九八〇年の九月中旬頃で研修日まで二週間しかないとのこと。アジアキリスト教協議会ＵＲＭ（都市農村宣教部）がカトリック教会の支援を受けて、アジア地域の若い活動家のために企画された研修だった。日本から参加する予定だった人が行けなくなり、その〝代打〟だった。いちばんの問題は日本からの〝出国〟だった。当時は軍事政権時代で、〝在日〟である私が海外に出るには韓国領事館から〝査証〟をもらわなければならなかった。高校生のバギオワークキャンプの際も、韓国籍高校生らも同じように海外渡航査証が必要だった。査証が発給されるまでかなりの時間を要したので、韓国大阪教会の金徳成牧師と一緒に査証担当領事と面談、一両日中にビザを発給してもらうことになった。在日韓国人が本国の強い影響を受けていた時代だった。

香港空港に着いて、事前に案内を受けていた〝集合宿舎〟にタクシーで向かった。当時の香港はイギリス統治下にあった。治安の問題などもあって〝気をつけるように〟と助言されていたので少し不安だった。宿舎に着くともうすでに何人かの参加者も到着していた。受付で部屋の鍵をもらうなど簡単な手続きを済ませ、予定表と白い封筒をもらった。封筒には〝ポケットマネー（小遣い）〟と英文で書かれていて、中にはお金が入っていた。夕方、インドネシア人研修生らと夕食を食べるため外に出た。夜の香港の街はネオンで輝いていて、映画などで見た光景そのものだった。食堂探しは英語が話せる研修生に委せるしかない。研修期間中ずっとそうだったが、彼らはもらったお金を節約、残したお金を持って帰るのだ。その時代のアジアは経済的に困難な時代だった。高度経済成長期の日本との経済格差が今よりはるかに大きかった。研修中に何度か渡される小遣いは、自由行動時間の時の食事や交通費の費用に使った。

二日目、準備されたバスに乗って香港市内を〝研修〟した。香港は土地が狭い。そのために高層アパートが群立している。また海上の小さな船を家として暮らす〝ボートピープル〟も多かった。それと私たちが見る香港の映像やポスターは香港島の富裕層が住む街が多い。島と大陸部には大衆交通としてのフェリーが往来していて、地下鉄も通っていた。当時は住民証も青と黄色があった。現在の中国とは違って、まだ経済的に困難な時代で〝豊かな土地〟香港へ〝不法入国〟をする人々が多かった。中国本土と香港の境は川になっていて、厳しい警戒を潜り抜けて香港に着けさえすれば黄色の住民証が発行されるという。ただし、彼らの居住許可地域は〝新界〟と呼ばれる地域に限られ、一定期間犯罪などがなければ青色証になる。これらの話は、後述する新界住民の生活支援をする活動家から話されたことで、英語で苦労した私の理解が正確かどうかはわからないが、研修をレポート報告した時、特に指摘されなかった。

数日後、船に乗って研修場所を移動した。小さな客船に乗って一時間ほどで着いた小さな離島は、一九七〇年ごろの名作映画「砲艦サンパブロ」(主演、スティーブ・マックイーン)に出てくる〝漁港〟を思い出させた。清国末、列強から蹂躙された時代の映画で、朝鮮時代末期のことも思いあわせながら見た記憶が蘇った。島にある研修施設、といってもトイレやシャワーの水もしっかり出ず苦労した。研修のテーマは「抑圧された人々への地域運動の神学的意義」。午前と午後の講義は、当然ながら英語で辛い時間だった。タイからの研修生と親しくなった。タイ国も英語ができない、とは聞いてはいたが彼もほとんど喋れなかった。簡単な英語だけでも充分親しくなれた。

ある日彼とふたりで街を散策した。街角で私たちの行き先を確認していると、突然、数人の男が駆け寄ってきて、私たちの手を後ろ掴みにして拳銃をこめかみに突きつけた。どうも〝身分証〟を出せ、と言っているようだった。咄嗟に私は、〝私は韓国人でパスポートも所持している〟と英語で話した。しかし、タイの友人はパスポートを宿舎に置いてきた、と言うのでちょっとヤバイなと思った。私はアジアキリスト教協議会のパンフレットを持っていたので、そこに電話をして私たちのことを確認してくれ、と訴えた。しばらくして身元が明らかになったので無事に解放された。初めての経験で、ちょっと怖かった。

離島での日程が終わる前日、研修生らによる〝交歓会〟があった。それぞれ活動する地域状況などを紹介するのだ。生野における活動を英語で紹介するのは不可能だ、と思った。私ができるのは歌を唄うことしかないと考えた。前に出た私は「コリアラブソング」と紹介して、「サランへ」を歌った。生野では活動仲間が集まると、食事会のあとにみんなで唄っていた歌だった。

♪ サランヘあなたを　ほんとうに愛してるよ
あなたが私のもとを去ったあと　どれほど涙を流したことか
イエ　イエ　イエ～ イエ、
サランヘあなたを　ほんとうに愛しているよ

〝イエ イエ〟と、リズミカルに歌うとみんなが立ち上がってイエ イエ、と私と一緒に声を出して歌った。終わると〝アンコール〟と声がかかりもう一度みんなで歌った。すぐにこの歌が〝研修生の歌〟になった。講義などが終わると、「へ～イ、キム。コリアラブソング」と声がかかり、みんなで歌った。どこかで言葉の壁があった参加者の心が和んだ。

私の〝フィールドワーク〟

私は基本的に〝ひとり〟で行動するのが好きだ。地域活動は人と出会い仲間と活動するものだが、私は時間があると一人で生野、猪飼野地域の路地の隅々を探索するのが好きだった。自由に行動できるためだが、人と交わること自体が嫌なのではなく〝群れる〟のが嫌いなだけなのだ。そんな性格もあって、香港研修の後半には研修生自身が〝テーマ〟を設定して報告書を作成、それを発表するのだ。私は中国からの〝不法入国者〟の生活状況を調べることにした。まずは、「入国管理局」を訪問して説明を聞くのが早いと判断した。URMの事務所で入国管理局の場所を確かめた。そこに行ったのは良いが英語ができない私は、結局何もできなかった。仕方なく事務所に戻ると、研修の企画責任者で香港の活動家として有名な〝レイモンド・ファン〟がいた。彼は私の顔を見るなり「キム、この時間になぜお前がここに居るのだ」と怒鳴った。私が研修をサボっていると思ったようだった。困惑する私を見かねて、側にいたスイス人の協力幹事が「キムは難しいテーマを選んだ。それに英語もできない。彼の活動をサポートする配慮があっても良いのでは……」と、ファンに言ってくれた。ファンも〝理解〟したのか紙に名前を書いて、「明日の昼、この人物と此処で会うと良い」と言ってくれた。

翌日の午後に事務所に行くと、若い男女が待っていた。彼らと一緒に地下鉄とバスを乗り継いで〝新界〟にあるあばら屋を訪問した。そこには老人と中年の夫婦らしき人がいた。中国からの〝越境者〟らだとすぐに理解した。その人たちから〝中国から香港に来た経緯と現在の暮らし〟など、活動家の通訳を通して対話した。英語理解が不十分ではあったが、済州島から〝密航〟してき人たちに〝日本での在留資格〟取得支援活動に少しは関わってきていたので、言葉による理解の不足も補えた。訪問を終えると彼らは路地裏の魚貝食堂に〝夕食〟を誘ってくれた。ゆったりとした英語で、さっき会った家族や本土（中国）から香港に来る人たちの実情を説明してくれた。言葉というのは不思議なもので、彼らの説明がそれなりに理解できた。

英語で書いた〝報告書〟

香港に来る時、日英・英日辞書とレポート用紙を持参していた。フィールドワークの報告書を作成する、という最大の難題が待っていた。中国から来た難民家族の話と若い活動家の説明を私なりに整理、「状況説明と問題点」を書いた。二日ほど苦労して人生で初めての〝英語レポート〟を書いた。勿論、問題だらけなのは解っていたので、フィリピンから来た女性研修生に英語文章の添削を頼んだ。夏の高校生バギオワークキャンプのことも話し、タガログ語で簡単な挨拶もできたので親近感を持ってくれた。何よりも〝コリアラブソング〟の効果があった。彼女は「自分が大切にしている本だ」と言って、メッセージを書いた本をくれた。

さて、難関の報告会。順番が回って緊張しながらレポート用紙一〇枚に書いた報告書を下手な英語で読んだ。レイモンド・ファンは「お前の主張は理想論で、香港の実情にあっていない」と少しキツイ言葉で言った。若干、反論したが英語での対話に限界を感じて少し沈黙してから〝I think so〟と半ば諦めるように言った。ファンは「でもよく書いてくれた。いい報告だったよ」と言ってくれた。研修生から大きな拍手が沸いた。私のあとにフィリピンの研修生らの報告があった。五人、といちばん多かった研修生らは「香港におけるフィリピン社会」というテーマで報告した。ファンが激怒した。「五人揃ってお前らは香港に遊びに来たのか？自分たちの言葉や文化も通じる安易な課題を選ぶなんて何だ」と叱咤して、「キムを見ろ、言葉が不十分なのに香港で最も疎外された人々の難しい課題をひとりで挑戦したのに」と言った。

研修が終わってから一月ほどして香港から手紙がきた。「あなたが書いたレポートを受け取った。人々の関心から疎外されている私たちの問題に目を向けてくれて感謝します」と書かれていた。

(5) 聖フランシスコ保育園「日照権を守る闘い」

次男の保育園入所

一九七九年四月、次男（成仲）がフランシスコ保育園に入所した。彼は〝多動性知的障がい児〟で、正直、保育所入所は不可能だと思っていた。（この事は別の項で別途書く）地活協で働くようになって、チネカ神父と関わる機会もたくさんできた。前年から次男は通園施設〝生野こどもの家〟に週二度ほど通っていた。その時に月川至（出発の家）と出会った。

保育園は三歳からの入所だったので私と妻はそれを待っていた。しかし当時、知的障がい児の保育所入所は不可能なことでもあった。それでチネカに〝次男がフランシスコ保育園に入所できないか?〟と頼んだ、というより哀願した。チネカはいつものように〝即答〟しないで、否定的な感じがした。

　数日後、「園長に会ってみてください」と電話があった。シスター綿引園長は「初めてのことなので自信がないのですが精一杯やってみます。キムさんも協力してください」と入園が決まった。朝、彼を自転車に乗せて保育園に向かう日がはじまった。彼のクラスには保育士をひとり多く配置してくれ、ほぼ〝専任〟といった感じだった。とくに三歳時の一年間は、保育園も保育士も多動で一時もじっとしていない園児の保育に苦労したことはよく解っている。それでも四歳児になったころには保育園生活に馴染むようになった。

　翌年の春、チネカから電話があった。「綿引園長が困っているようなので会ってください」というので、次男のことで何か問題が起きたのかと心配になった。

園庭に陽があたらなくなる

　園長の話し。「数ヶ月前、園の入り口の横にある工場主から、私たち老後の生活のために工場を取り壊し、マンションを建てるとのこと。三階建てだと言う。園庭に陽があたらないのでは、と心配になった私たちに大丈夫だというので信用した。しかし、マンションの工事が進むにつれて三階ではなく四階になることがわかった。園庭の日照がほぼなくなり、園児たちは一日中日差しのない暗い園庭で遊ぶことになるのだ。工事が進むなかで何度も〝約束がちがう〟と抗議したが無視された」

「何とかならないでしょうか?」と園長は不安そうに語った。そこで、李清一に報告したうえで、「在日外国人の人権を考える会」のメンバーだった中村康彦弁護士を訪ね、〝事の次第〟を説明した。中村は「とりあえず行って見ましょう」と言い、もうひとりの弁護士と保育園に来た。彼は「もうあそこまで工事が進んでいるので難しい」と言い「裁判に訴えてもダメだと思うが、それでもするならやって見ますが……」と話した。当時「不法建築であっても、ある程度工事が進めば現状復帰は不可能です」それが弁護士の説明だった。その場に一緒にいた園長や保護者会の人たちは〝やろう〟と声をあげた。中村は一日でも早く訴訟を起こすために保護者の代理人書類がいると言う。翌朝から生野区役所の窓口は大混乱になった。地域から園児の七割が在日朝鮮人で、彼らが委任状に必要な〝外国人登録済証明書〟を発行してもらうため、外国人登録課に押し寄せたのだ。もちろん日本人保護者も同様の書類が必要で、区役所は「何事が起った」と大騒ぎになったようだ。

ほとんどの保護者が訴訟に参加した。「園児らに太陽を取り戻そう」と書かれた横断幕も門の前に掲げた。裁判（調停）が始ると忙しい保護者の日程を振り分け裁判所に行った。〝建築を許可した行政も問題だ〟として大阪市建築局にも押し掛け行政交渉も行った。

弁護士が〝裁判の経過報告をする〟というので保護者らが集まった。保護者のひとりが、建築主の家に〝抗議デモをしよう〟という声が上がった。〝エッ〟と思う間もなく皆が外に出ていた。門の幕を取りはずし、それを先頭に行進した。黒い服を来たシスターたちも加わり百人ほどのデモ隊になった。抗議が終わって園に戻ると警察がやってきた。建築主が通報したようで、刑事は「不法な無届けデモだ」と強い調子で言った。中村弁護士が対応してくれ「今後はやらない」と確約して事は収まった。

裁判の過程と大阪市との交渉から、建築課も不法建築であることを知りながら建築許可を出したことが明らかになった。大阪市は渋々と工事中止命令を出した。五ヶ月に及んだ〝闘い〟の末、裁判所は判決（調停）で建築主側に「マンションの四階の一部の撤去と慰謝料一〇万円」で和解することを命じた。しばらくして新聞に「大阪市、阿倍野区に建築中のビル、建築法違反で改善命令」という記事が大きく報道された。数日後、中村弁護士から連絡があり「大阪市から建築中のマンションの一階から四階の二五％削除命令が出た」と言う。これは初めての行政処分だったそうだ。

弁護士費用のことは誰も考えていなかった。中村弁護士からも請求されなかった。それで私は〝バザーを行って収益金を弁護士費用にしよう〟と提案しそのようになった。

㈤　障がい児の親、子育てと地域活動

一九七六年一〇月、次男の成仲が生まれた。元気で活発な性格のように感じた。ハイハイできるようになったので家の二階の部屋と階段にはフェンスを設けて、子どもが階段から落ちないようにしていた。ある日、家に帰ると〝成仲が階段から落ちた〟と妻が言った。外傷はなかったが念のために病院で検査を受けたが、異常はないとの診断だった。それからしばらくしてから次男の様子が変なのに気づいた。〝表情〟がなくなり笑顔が消えた。いわゆる〝自閉症〟ではないか?と気づくまで時間はかからなかった。私たち家族にも、障がいのある子を持つ親の〝苦悩〟が始まることになった。たぶん妻は「あなたは成仲の子育てを私に任せ、地域活動云々で家にもいなかったのに」とこの文章を書いている私を叱咤するはずだ。だが成仲の成長と私の地域活動の歩みには私なりの深い関連があったので、回顧しながら文字として書き残したい。成仲の成長と私の地域活動は車の両輪のようなものだった。

(1)　幼児期

妻（敬熙）は成仲の事は自分の不注意からだと自責の念をもったようだ。いろんな人に相談したり、

治療を試みたりした。現実を受け止められないで、〝治療が可能〟だと言う、どんな小さな情報にも関心を持って行動した。私は懐疑的で消極的でありつつも、時間が取れるかぎり妻の行動に同伴した。藁をもつかむ思いだった彼女は、〝頭の病を治す祈祷師がいる〟との噂を聞いて泉州犬鳴山にある寺院も訪ねた。私は〝日頃の行いの代償〟の意味から妻の道案内役で何度か同行した。電車やバスが好きな次男と外出するのだ、と思ってのことだった。ちょうど地域活動を始める時期と成仲の成長が重なる時期で、私の地域活動と次男の事は色んな意味で重なった。

　聖フランシスコ保育園の入所のことは前に述べた。玉造に「言語治療センター（スピーチクリニック）」があった。妻は、「人から推められたので、相談と治療を受けさせたい」と言う。それを私に任すというのだ。毎週行く相談の費用は四〇年以上も前で一回一万円、それに月に一度の特別検査があると二万円以上。貧しい私の家にとっては大きな負担だったが、妻は必死に働いて費用を捻出した。正直、治療センターに意味があるとは思えなかったが、妻の願いをないがしろにはできなかった。私はその機会を成仲の自立に使おうと思った。そのうちに自分でバスを利用、乗り降りできるようになった。彼は運転手の後ろの席、私は一番後ろというように距離を取った。後に小学生になると、休みの日にはひとりでバスに乗って外出した。バスの行き先はほぼ決まって「守口車庫前」。帰りは必ず「今里停留所」で降りて「杭全行き」に乗り換えて帰宅した。迷子になる不安はなかった。〝身分証〟と〝無料乗車証〟

を持たせていたからだった。

言語治療センター院長の紹介で精神科医の川上医師（女性）の紹介を受けた。彼女は大阪教育大学で教鞭をとっていた。「大学院生が研究論文を書くために週一度、成仲との一緒に過ごしたい」という提案があった。のちに教師になった大学院生（女性）と息子の〝一日〟は一年ほど続いた。一緒に絵を描いたりしていたが特別なことはなく、一日家族のように夕食も一緒に食べた。その時、障がい児にも家族以外の〝自分だけのパートナー〟がいることの大切さを知った。

(2) 学童保育所

一九七九年、障がい者の親らが私を訪ねてきた。「子どもたちの居場所をつくって欲しい」と言うのだ。チネカ神父や出発の家の月川至らともつながりのあった母親も一緒だった。彼女らは聖和教会の〝礼拝堂〟に注目したのは明らかだった。オモニハッキョにたくさんのオモニらが出入りしていることを知ってのことだった。正直、「また頭の痛いことが増える」と思った。教会の〝礼拝堂〟を地域の人々が使うことに否定的な信徒がいたからだ。ハッキョのことはさておき、障がい児が礼拝堂の空間を使うとどうなるか、は自明のことだった。教会との関係はやはり私が担うことになる。妹尾牧師に話すと〝良いことではないですか〟と、返事はわかりきっていた。一九七〇年代半ば、大阪市の障がい児の保育所入所運動の活動家二人（男女）が指導員、親と月川至が運営委員会を担うことになった。「じゃがいも学童保育所」と名前も決まり、私は事務局長になった。しかし、運営資金がない。指導員には月二万円と、とても給与とは言えない額でガマンしてもらった。古新聞の回収やリサイクル品の販売などをしても目先の運営資金がない。私も貧乏だ。それでチネカ神父を訪ね〝何とか急場をしのぐ資金がいるのですが〟と話した。やっぱり即答をしないで、表情を窺うと否定的だった。数日後、「トッカンさん時間がある時にきてください」と電話があった。チネカ神父は「これは私のお小遣いです」と言って一〇万円の入った封筒を手渡してくれた。

大阪市からの学童保育所認可が急がれた。担当課を訪問すると認可の順番を待つ保育所が多いのでいつになるかわからないと言う。仕方なく教会の親しい婦人信徒を介して、医師でもあった保守系の市会議員に会って〝早く認可〟されるように頼んだ。市会議長でもあった彼は、市の担当課から「その学童保育所の指導員らは障がい児の保育所入所を求め、市役所を占拠した人たちですよ」と言われたという。事情を聞いて迷惑がかかるようなら諦めます、と話したが結局は認可された。といっても運営資金不足は相変わらずだった。

解放新聞の辻記者に学童保育の運営資金不足の話をすると、ちょうど一九七九年の衆議院選挙の時でもあったので、上田卓三候補の選挙ハガキの〝宛名書き〟をしないか、と言われた。ハガキ一枚に一〇円支払うと言う。指導員と私、保護者らが集まり時間があれば宛名書きをした。一万枚ほど書いたので一〇万円ほどになった。高校生の海外ワークキャンプでは朝日新聞厚生文化事業団から支援金をもらったこともあったので、申請するとそれも通って新聞にも〝告示〟された。

そんな時、二人の指導員と地域の障がい者運動グループの間で問題が起こり、彼らは学童保育所を離れた。やっとのことで新しい指導員らが任についた。ある日、母親が数人やってきて運営委員会を開いて欲しいと言う。それで吉崎代表、月川至、私と指導員も出席した臨時運営委員会を開いた。「私に学童保育の運営から手を引いて欲しい」との事だった。一年前、〝学童保育所の場所を準備して欲しい〟と哀願していた親も同じように言った。私は「ああ、いいですよ」と返事した。吉崎代表の怒りは収まらなかった。月川至は〝トッカンさんそれでいいんですか？〟と言う。いずれにしても現場を担う人たちが〝そうしたい〟というのだからとすぐに判断した。

私は自分のことを〝世間知らず〟だと自認している。ずっと家内工業の工員として働いたし、いわゆる〝会社勤め〟の経験もない。地活協の主事という肩書きがあるとは言っても組織の柵はない。そんな意識があるので、自由な位置にいたい、といつも思っていた。

私が聖和社会館で働くようになってからも、じゃがいも学童保育所は礼拝堂を使った。その後、教会からほど近い民家に学童保育所は移った。また、学童保育所の運営に関わった人たちが新たに「こさり

(わらび)」というパンの作業所とグループホームを運営するようになった。私自身が直接運営に関わることはなかったが、成仲はじゃがいも学童保育所、こさり、グループホームの利用者として家族と学童保育所の関わりは続いた。

成仲と学校生活

一九八二年の春、成仲は大阪市立中川小学校に入学した。学校が始ってすぐに担任教師は手に負えないので、〝特殊学級〟に移るようにと強く言った。「教室でじっと座っていない。突然、声を上げて「マーシャルを言う」から他の児童の授業や生活の邪魔になると言うのだ。言い争うとかではなく、何度か話し合う時間を持った。なかなか埒があかなかったが、私は最後に「教育者として先生が、最良だと判断されるのなら私たちは受け止めます」と返事し別れた。養護学校(特別支援学校)、という選択は頭になかった。数日後、教師から返事があった。「一日授業の二時間だけ〝特殊学級〟ということでいかがですか?」「一日中普通学級にいるのは彼も負担だろうから、伸び伸びと生活させたい」という提案だった。異存はなかった。学校、じゃがいも学童保育所、こさり、そして出発の家との繋がりは彼の成長と行動範囲を拡げた。高学年になるころからは一人で市バスを利用するようになった。

次男は大池中学校に進学した。学校からは「制度上〝特殊学級〟に在籍しておかないと、養護学校

（高等部）に進学できません」と言われた。私は「普通学級の在籍」を選んだ。小学校と同じように一日の二時間は〝特殊学級〟での生活で息をついた。後のことはゆっくり考えれば良いと思った。二年生になると度々成仲は「お兄ちゃんの学校に行きたい」と言うようになった。兄は私立高校に通っていたのだが、現実それは難しいことはわかっていた。三年になっても〝高校に行く〟と毎日のように言った。前年、同じ〝こさり〟の仲間でのちにグループホーム〝めぐり〟の利用者が市立西成高校に入学していた。西成高校は同和教育推進校であり障がい者の入学を受け入れていた。ただしそれは西成地域の中学校との取り組みの繋がりの延長線上でのことだということがわかった。

それで担任教師、大溝義久に「成仲の西成高校」の受験意思を伝えたうえで協力を願い出た。最初、教師は戸惑ったようだが、クラスの生徒の意見を聞いてくれると言った。「成仲が高校に進学したいと言っている」と話すと「いいんと違う」との反応だったそうだ。教師は、「だったら、みんなで成仲が、高校進学ができるように支えよう。ただし、甘やかしてはだめだ」と生徒らに話していたという。教師は月に定期的に「クラス通信」を発行した。それは成仲の学級生活をめぐる学級通信だった。

〝こさり〟の活動にかかわっていた天理教伝道師だった人が、地域の中学生に〝フリースクール〟的な塾活動をしていた。その塾で成仲も受験勉強することになった。たぶん〝迷惑〟かけているだろうと思って、〝間食の餃子〟を差入した時、「成仲がコマーシャルを言って勉強の邪魔をしてるようで、ゴメンな」と言うと、「成仲のコマーシャルは僕らの息抜きや」と笑顔で言ってくれた。本当に嬉しかった。

第三章　新しい地域活動の拠点

地活協における三年は、私が住んできた生野・猪飼野の地域事情を客観的に見つめる契機になった。長い歴史のある聖和社会館を担うテーマは「であい」。即ち、その地を日本人と朝鮮人の〝共生の街〟とする難しい目標であった。「コリアタウン」などという表現すらない時代だった。

第一章では近代史の観点から戦前、朝鮮からの渡航期を中心に猪飼野の街を書いた。ここでは戦後も朝鮮人の多住地域の街となる事情、それに分断国家となった朝鮮半島の厳しい状況が諸に反映する地域になったこと。同時に、長く日本人の地域社会のなかで福祉と児童活動を担ってきた聖和社会館だったが、新しく出発する地域センターを〝であいの拠点〟とする目標を持った。

そのころ、猪飼野に住む朝鮮人はもう三世や四世が生まれるようになっていた。金属工業やゴムの加工業などを生業とする朝鮮人が多くいた。言い換えれば、貧しい異国暮らしではあったが生活の基盤が出来ていた。日本の統治時代に渡日した朝鮮人の多くは、解放後の祖国に帰ったけれども、多くの朝鮮人が猪飼野に留まることになった。

　植民地統治からの解放の喜びもつかの間、朝鮮は〝三八度線〟によって南北に分断されてしまった。北朝鮮（朝鮮民主主義人民共和国）と韓国（大韓民国）というそれぞれの政府を樹立した。一九四八年に済州島で起った「四・三事件」では多くの島民が虐殺される悲惨な事件が起きた。さらに一九五〇年六月二五日には朝鮮戦争が勃発した。アメリカ、イギリスなどの西側、ソ連や中国の東側という大国間のイデオロギー的対立が、朝鮮の南北分断と戦争という悲惨さをもたらした。戦争が停戦された後も分断はつづき、同族間の憎しみを増幅させる事件も続いた。四・三事件の悲劇から逃れ、親族を頼って渡日（密航など）した済州島人も新たに暮らすようになり、猪飼野は戦前に増して朝鮮人多住地域になっていった。

　私が高校生だった一九六五年、日韓条約による法的地位協定が締結された。これによって日本と韓国の往来ができるようになる。しかし地域朝鮮人社会では南北間の対立は深まるばかりだった。私が体験したひとつの事例を紹介する。私が高校生の時、聖和社会館の北隣りに幸楽館という映画館があった。その劇場で一九六四年に韓国でつくられた「赤いマフラー」という映画が上映された。朝鮮戦争における韓国軍パイロットの活躍を描いた、いわゆる反共国策娯楽映画だった。反共意識の強かった父親の影響を受けた私は、北朝鮮軍と戦う主人公に満員の観客と一緒に拍手を送った記憶がある。映画を見終えて外に出ると映画館の前にたむろする集団を見た。あとになってから彼らが朝鮮総連の人々だったと知った。

七年後の一九七二年、同じ映画館で上映された北朝鮮の名作映画「花を売る乙女」を観ながら大泣きした。青年になっていた私は思想や理念を越えて、祖国の平和と統一を願う青年になっていた。映画を観終えて外に出るとやはり、今度は映画館の前に韓国民団の関係者が集まっていた。このように朝鮮人の多住地域とは言え、猪飼野では南北の分断が地域生活にまで影響を及ぼしていたのだった。

日本の高度経済成長とともに猪飼野の地域産業も隆盛期を迎えた。とくに、一九七〇年代になってから盛んになったケミカルサンダル（巷ではヘップと呼ぶ）は地域の在日社会を活性化させた。その産業的隆盛は、当時、厳しい生活状況あった済州島民の多くが親族を頼って渡日、〝在留資格〟のないままサンダルの生産に従事した。早い時期に来日してサンダル事業がそれなりに成功して生活基盤ができた人々や、戦前の歴史的事情（家族の離散など）があった人などは〝特別在留資格〟を得ることができた。彼らが摘発後も引き続き日本で生活できるように、と支援活動もした。猪飼野は戦前にも増して朝鮮人、済州島出身者の多住地域になっていった。一方で、進学や就職などで生野を離れる日本人も多くなった。猪飼野の真ん中にあった市立御幸森小学校は在籍生徒の七割ほどが朝鮮人、という時期もあった。

また在日社会において、猪飼野での居住が長くなり四世や五世が生まれるなど、〝定住〟意識がさらに強まった。同時に日本人の地域社会でも少しずつ〝共生意識〟が生まれるようにもなった。一九七〇年～一九八〇年代はそんな時代だったのだ。

(一) 社会福祉法人設立

旧猪飼野の南北に通る〝一条通り商店街〟の真ん中に大阪聖和教会がある。その教会に一九七六年、代務主任牧師として妹尾活夫が赴任した。前に書いたように、彼の赴任によって教会と在日朝鮮人の接点ができた。妹尾牧師はそこに居住してはいなかったとはいえ、地域問題にかかわる在日朝鮮人や日本人の活動拠点としての意義が芽生えた。地問懇の会議場所、入居差別問題の集会そして在日一世のオモニたちの識字学校（生野オモニハッキョ）の開校など地域問題に関わる〝拠点〟になり始めた。

教会横の聖和社会館保育所では保育事業が行われていた。その事業は一九三一年から始まり、大阪毎日新聞社から聖和大学（ランバス女学院）の隣保事業に至る地域福祉事業の拠点であった。ただ、その対象は日本人であり朝鮮人住民との関わりは希薄で、朝鮮人も自分達には遠くて関わりのない場所だと思った。

一九七九年に妹尾牧師は夫人とともに、大阪聖和教会に住居を移すことになった。それにともないオモニハッキョの教室は隣接する聖和社会館に移った。その頃、聖和大学から妹尾牧師に〝事業の引継〟が打診されていた。その折衝にあたった妹尾牧師は、学校法人と〝財産移譲〟の話をまとめた。新しく社会福祉法人を設立、保育事業の継承と社会館活動を行うことになった。厚生省からの正式な法人認可は一九八二年だったが、一九八一年から事業を始めることが認められた。法人名は「社会福祉法人聖和共働福祉会」となった。

私は教会役員であり、法人による事業引継や保育所の施設長の人事などが役員会で報告された。私も協議には加わっていたが、正直、その中身がよくわからなかった。それに韓国人の私にはどこか〝他人事〟のように思えた。

新しい法人の設立の具体化と妹尾牧師夫妻の教会牧師館への転居は、教会をめぐる地域活動に少なからず変化をもたらした。まず、ハッキョの〝教室〟は牧師館や礼拝堂から社会館に場を移すことになった。すでにハッキョの忘年会などの行事には会館の三階ホールを使うようになっていた。

武内信子は戦後、大阪の社会福祉や保育所に関しては大きな評価を受けていたひとであった。幼い時に通った教会学校ではよく怒られた。〝トッカンちゃん〟と呼ばれると肩をすくめるほど怖かった。彼女は退職した後も、保育所二階の宿舎に住んでいた。ハッキョの移転が決まった頃、武内が優しい表情で〝トッカンちゃんちょっと話がある〟と言った。「古くなった社会館の鉄窓枠は危険なので、アルミに取り替える」というのだ。〝エッ〟と耳を疑った。一階から三階までの窓枠を取り替えるにはかなりの費用がかかるはずだとも思った。「トッカンちゃん、頑張ってるもんね。生徒（オモニ）さんらが安心して勉強できるようにね」とも話してくれた。

教室が移ったオモニハッキョは、それまでの教師間のゴタゴタが一段落していた。しかし、教師らはそれぞれ担任するクラスでオモニらと向き合うのみで、授業が終わるとそそくさとハッキョを後にした。それほどハッキョの運営をめぐる後遺症が大きく運営にまつわる議論を避けようとした。運営委員会はすでに解散。生徒であるオモニたちの識字力の差は大きく、新しくハッキョにくるオモニがどの教師（クラス）で学ぶのか、週二回の授業の前と授業後の教室の管理、休み日の連絡、運営にまつわる費用などの課題も多かった。

(二) 聖和社会館、活動の初期

一九八〇年の秋が深まったころ、妹尾牧師から「社会館で働いてみないか?」と誘われた。教会の信徒として新しい法人の設立に関する話は聞いていたが、他人事だった。在日朝鮮人の私が社会館に直接関わるなど考えても見なかった。妹尾牧師が東梅田教会に在任中、教会で行われる「朝鮮人問題学習会」に何度か参加していたし、聖和教会でも私の悩みなど個人的なことも打ち明けていた。私と教会との関係はどうなるのか、という不安もあったがその場で〝働きます〟と返事した。私の前で〝感謝の祈り〟をしてくれた。社会館で働くことになったことよりも、私のために祈ってくれたことが嬉しかった。

地域活動協議会を辞めたいと李清一に申し出た。彼は「妹尾牧師と話がしたい」と言う。突然の話で、苦労して私を育てたことへの〝苦言〟かと思うと不安だった。話を終えた妹尾牧師は「彼とは良い話をし、なるほどと思った」と言った。続けて「君を社会館の館長にすべきだと説得された」と付け加えた。彼は〝地活協〟の三年、彼を育てるために多くのものを費やした。館長とするなら喜んで送り出します、と主張したそうだ。私をそのように評価してくれたことは嬉しかった。

年が明けた一九八一年一月、私は聖和社会館に地域活動の拠点を移した。その頃には、地問懇で出会ったオモニハッキョの教師、地域労働組合の人々などとの関係もできつつあった。そのなかに高槻の高齢者施設における〝朝鮮人就職差別〟事件に関わっていた人たちがいた。彼らは私の社会館活動を支えたいと言ってくれた。府税事務所職員だった土代武、生野区役所の福祉専門職員の寺沢明らが何かあれば社会館に集まってくれた。「生野の人権を考える会」が発足するのに時間はかからなかった。

また、地活協時代に知り合った金学鉉（キムハクヒョン、桃山学院大学教授）の提案で、朝鮮の歴史や文化に関心を持つ在日朝鮮人の若者たちに呼びかけ、「民族文化研究会」という学習サークルを作った。メンバーの多くは女性だった。そのころ韓国の東亜日報で連載された「日帝三十六年」という連載記事を学習、翻訳出版することになった。金教授の指導とともに、自分の心のなかにあった〝漠然とした朝鮮〟ではない民族意識が芽生えはじめた。そのことは韓国社会に深い関心を持つ契機にもなった。地活協時代、前に触れたSCM現場研修の協力委員会で活動していた飛田雄一と親しくなっていた。彼は神戸学生青年センターで〝むくげ通信〟発刊、いち早く朝鮮語教室や出版活動に取り組み、朝鮮人差別問題や朝鮮文化研究においても〝先駆的〟な活動をしていた。

社会館活動が始って間もなく飛田からある誘いを受けた。沈雨晟（シムウソン）という人が来日するが、彼の一人劇公演を一緒に開催しようと言うのだ。私は朝鮮文化や韓国における文化活動などは殆んど無知だった。地活協の時、KCC会館には関西韓国YMCAの事務所があって、金秀男（キムスナム）幹事や舞踊やチャンゴなどを指導していた卞仁子（ピョンインジャ）らとは親交があった。特に卞仁子とは韓国語教室などを通じて親しかった。彼らは大阪の在日社会における韓国文化活動の〝先駆者〟的な役割をした人たちである。

〝何から始めていいのか？〟。〝暗中模索〟状態だった社会館活動に文化的な意味が生まれる契機になった。四〇年以上も前の時代、在日社会では統一や南北をめぐる政治的課題が優先されて、〝文化〟

に関心を持つのはごく少数だった。沈雨晟、という名を聞くのも始めてだった。その後沈先生とは深く、長い親交と指導を受けることになる。後で詳しく触れることになる「生野民族文化祭」は、沈先生との出会いが出発だったと言っても過言ではない。ちなみに韓国文化に関心がある人に馴染みのある「サムルノリ」を名付けたのは沈雨晟である。

「沈雨晟一人劇、双頭児（サンドウア）」公演は六甲の学生センターと猪飼野の聖和社会館で行われた。〝ひとつの胴体に頭がふたつ〟分断朝鮮の悲しみと憤りを表現する沈先生の一人劇は衝撃、そのものだった。聖和社会館の地域活動の〝柿（こけら）落し〟にはたくさんの人が来館した。三階ホールは朝鮮人と日本人の観客で埋まった。当時の韓国は光州事件で市民を虐殺した全斗煥軍事政権下にあり、来日することも政治的主張とも取れる公演を行うことすら厳しく制約を受けていた時代だった。聖和社会館のある猪飼野地域は日本における〝南北対立〟の象徴的な地域だった。その場所における公演は南北と、そして日本社会との〝垣根〟を超える芽生えになった、と私は自負している。神戸学生センターと聖和社会館の共催はその後も「韓国舞踊公演」「韓国の仮面写真展」と続いた。その活動を下から支えてくれたのは〝生野の人権を考える会〟の仲間たちで黙々と〝下支え〟してくれた。

(三) 聖和社会館

〝暗中模索〟からの出発だった聖和社会館活動の輪郭が徐々に出はじめた。ひとつは地域住民が気軽に利用できる地域センター。もうひとつは私の〝こだわり〟でもある政治的立場をこえた〝在日朝鮮人の文化的活動〟。そして地域の日本人と朝鮮人の〝共生〟を課題にすえることだった。在日二世である私が、地域の抱える様々な問題をどのように両立させることができるのか、試行錯誤の日々だったように思える。

社会館と教会

「教会が設立した法人」。社会館の活動が広がるにつけて常にまとわりつく〝問題〟だった。教会の〝信徒〟としての私と、在日として生きた〝苦難史〟。地域社会を構成してきた日本人信徒とは大きな「意識的解離」があった。その溝を埋めるため、一時、社会館の〝運営委員会〟を作った。教会の信徒が言った言葉はいまも忘れられない。「韓国舞踊もいいけれど日本舞踊教室を開いて欲しい」。さすがにちょっと辛かった。説明しても語りあっても理解しあえない〝体験と感情の溝〟に思い悩む日々だった。

目の前の日常活動を黙々と行う以外の答えは見いだせなかった。

社会館は三階建〝鉄筋コンクリート〟建物である。三階には大きなホールがあり一〇〇人以上収容できた。隣保事業としての歴史があり、二階には小部屋が三つあった。一階は事務所と小ホールだった。二階では「児童図書館」「子ども絵画」「習字」「ピアノ教室」などの社会館事業、三階ホールでは「卓球」「バレー」「社交ダンス」など地域住民が自主的に運営する〝貸館事業〟とした。そして徐々に地域住民が利用するセンターになっていった。

また、一九八五年ごろからは子供会活動（ハヌル、空という意）も始った。のちに「大阪市こどもの家事業」として専任職員も活動するようになった。人を介して講談師の旭堂小南陵（三代目旭堂南陵）を紹介されたことが縁で、「せいわ寄席」を偶数月に開催することになった。（当初から笑福亭仁嬌が担ったこの寄席は、二五〇回を超えて大阪でも〝長い歴史〟を持つ定席になったという）

生徒で溢れるオモニハッキョ

運営の在り方をめぐって〝混乱〟したオモニハッキョも少しずつ平常を取り戻すようになった。混乱期に関わった教師らは、一人ふたりとハッキョを離れた。もともと朝鮮人教師は少なかったが少しずつ加わるようになった。転勤、転職などそれぞれの理由からハッキョに関わるのが難しくなった教師もいる。ハッキョの授業は月・木の週二回、オモニ（生徒）は社会館に来る。昼間に仕事をしている高齢者も多いが、少々の体の痛みや体調不良があっても自分の席で文字を書く。運営に関わる人や教師などはハッキョの意義を語るが、オモニは淡々とハッキョで学ぶ日常がある。社会館の文化活動などが少しずつ知られるようになるのを待つかのように、ハッキョの雰囲気にも変化の兆しが見えはじめた。過去のトラブルとは無縁の人々が一人ふたりとハッキョを訪れるようになった。

大阪外国語大学朝鮮語学科の塚本勲教授は生野で生まれ育った。彼は朝鮮語大事典の編纂など日本社会に〝朝鮮語〟を普及させるのに大きな役割を担った先駆者である。彼は鶴橋に「猪飼野朝鮮図書資料室」を開設するとともに「朝鮮語講座」を主宰した。その講座で学んだ人々や外大朝鮮語学科の学生らがハッキョの門を叩いた。私が名前をあげるのも恐縮だが、木下明彦と金野昌子はその朝鮮語教室を通じてハッキョの教師になり、職場を定年退職した今でも現役教師としてハッキョの中心を担い続けている。また大阪市立大学教授で社会学者の谷富夫も中間に広島に赴任した時期を除けば、退職した今でもハッキョに関わっている。韓流ブームを下支えしてきた翻訳家の根本理恵は韓国映画の字幕翻訳や通訳として活躍しているが、大阪外大在学中にハッキョの教師を担った。名前を挙げればキリがないが、当時ハッキョに関わった一人ひとりの教師たちは、意気消沈していたオモニハッキョを生き返らせた人々である。彼らはオモニとの学びの経験を大切に、それぞれ各自の分野の社会生活に生かしている。

木下と金野は仕事を終えて、環状線桃谷駅を降りて長い商店街を十五分ほど歩いて社会館の教室に向かった。九時に授業が終わると後片付けをしてから、遅い夕食を食べた。ハッキョの教師たちもその夕食会に参加するようになり仲間意識が育った。新しく加わった若い教師らには温かい気づかいをした。いつしか私も席を一緒にさせてもらうことでハッキョの状況を知ることができた。週二回オモニたちは文字を、教師らはオモニの辛かった他郷人生の生き様を机に向き合いながら学んだ。一九八五年のこと。私は木下や金野に〝今年はハッキョの十周年〟だから「記念の会」をすることを提案した。しかし〝十周年は二年後の一九八七年〟だということがわかった。私の思い違いだった。関西芸術座の新屋英子が一世ハルモニの苦難の生活史を演じた、「身世打令（シンセタリョン）」を〝感違い十周年記念〟として行った。〝恥ずかしい〟、そのひと言につきる大失敗だった。

「被抑圧者の教育学」の著者で、一九九一年のユネスコ「国際識字年」制定に努力した教育学者パウロ・フレイレはその年にオモニハッキョを訪れている。たくさんのオモニたちが熱心に文字を学ぶ姿に接したフレイレの歓喜した姿が今も忘れられない。二〇一七年七月、「生野オモニハッキョ四十周年」の記念会が行われた。その記念誌で木下明彦は「テストも卒業もないハッキョです。まだしばらくはおつきあい宜しくお願いいたします」と書いた。

記録映画「イルム・なまえ」の製作と上映活動

「生野の人権を考える会」は、高槻市にある〝高齢者施設〟の職員応募の際に起った在日朝鮮人二世、朴秋子（パクチュジャ）の就職差別を支援する人がいた関係で朴秋子さん家族とも交流があった。朴秋子という名前ではなく、日本名で就業するよう強要されたこの問題は、日本社会で本名を使って生きることの難しさを象徴する出来事だった。

考える会のメンバーから〝本名で生きる〟ことを訴えるために、〝朴秋子さんのドキュメンタリー〟映画の製作と上映運動が提案された。高槻の支援する会と生野の人権を考える会は「映画イルム・なまえ」製作・上映実行委員会を結成、代表は妹尾活夫、事務局長は私が担うことになった。一九八二年の夏頃だったと思う。今だから言えることだが、実行委員会としては「私は社会館が始ったばかりで忙しい」との配慮から、他の人物を事務局長にすることを提案した。その話を聞くなり「だったら館長を辞める」と言うので、みんながビックリした。社会的な生活経験が不足する私は、後先を考えないで直感的行動をすることが多い。〝開拓はする意思は強いが、それを運営する意識が希薄〟、そのことはその後もずっと私にまとわりついた課題でもあった。普通〝社会館を辞める〟などという言葉が出るはずがない。どれだけ多くの人の配慮や支えがあってその職についたのにだ。

映画の製作・監修は〝朝鮮通信使〟の辛基秀（シンギス）、監督は滝沢林三、撮影は高岩仁。滝沢林三はメーデー事件で早稲田大学部隊のなかで唯一起訴された人物である。彼は撮影期間中聖和社会館で寝泊まりしたが、「私ひとりに罪を被せた」と私に何度も愚痴話をしていた。

一九八二年、大阪聖和教会が所属する日本キリスト教団の全国の教会に、宣教課題としての在日朝鮮人問題への取り組みを訴えた。そして「キリスト教在日韓国朝鮮人問題活動センター（活動センター）」を設立した。事務局を社会館に置き、私が事務局長になった。代表はやはり妹尾活夫。私は活動センターの主旨文を書き桑原重夫牧師に意見を聞いた。桑原牧師は私の未熟な文章を丁寧に〝添削〟してくれた。彼は在日韓国人政治犯の救援運動などの人権運動に生涯取り組んだ先駆者である。一九四七年生の私は七歳まで「大阪市生野区猪飼野東六丁目三一番地」の忠清道路地で育った。桑原牧師は同じ時期に旋盤工としてそこで働いた、とよく話してくれてた。東六丁目は狭い地域で零細な機械工場がたくさんあったことを記憶している。〝どっかで会ってるよなあ〟とよく言っていた。会話のなかで私が使う〝民族〟という言葉に「トッカン、お前の気持はわかるけど、民族を〝強調〟しすぎると排他的な意識も生まれるよ」と忠告してくれた。この言葉は頭から離れなかったが、いろいろなことを経験するうちに彼が言った言葉が理解できるようになった。

半年ほどの撮影、編集を経て映画は完成した。正式タイトルは「映画イルム・なまえ朴秋子さんの本名宣言」。〝森の宮ピロティホール〟で完成上映会が催された。以後、上映運動は日本全国で展開され、二年後に実行委員会は解散し活動センターが上映運動を引き継ぐことになった。

(四) 生野民族文化祭

(1) 一九八〇年ごろの猪飼野

私が地域活動を始めた頃、猪飼野に変化が起りつつあった時期でもあった。そのころの生野区は、住民人口が大阪市内でも指折りに多かった。大阪も一九七〇年代からの経済成長にともない、都市部から郊外へと人口移動が顕著になっていた。猪飼野地域は少し遅れてはいたが、それは高度経済成長期に地域産業の好況が影響していたからだった。大企業から金属やプラスチック部品の下請注文を受ける零細工場が多く、密集した長屋住宅のあちらこちら機械の音が聞こえていた。

〝住居と働く場〟が同じなので、定着性がより強かった。その人たちの日常生活を賄う市場や商店も地域産業の恵みを受けた。表面上はそのような賑わいのある地域に見えるが、注視するとそこは複雑な構造が絡み合っていることはすぐに判る。静かに訪れていた変化の時代に私は活動を始めたのだった。

その頃、生野区民の四人に一人は外国籍で社会舘の周辺地域では住民の半数が朝鮮人だった。地域の子どもらが通学する御幸森小学校は、在籍生徒の七割が朝鮮人児童だった年もあった程だ。私が育った地域だったので、感覚的には〝良く知っている〟と思っていたが、活動を始めると余りにも知らなかったことの多さにも気づかされた。

地域の住民をわけて考えるのも変ではあるが、わかりやすく理解するため日本人と朝鮮人の当時の状況を見てみたい。統計数値や資料的なものよりも、私の生活と活動経験による説明の方が、主観的であってもより実情に近いかも知れない。

猪飼野の日本人社会の変遷についてはすでに書いた。他の都市部よりも少し遅くなったが、この地域の日本人住民、特に若い層の地域離脱は年を追うごとに加速した。進学、就職、結婚などを契機としてこの街を出た。零細な家内工業に就くことを選択しなくなったのだ。当然、地域社会を担う日本人の高齢化もすすんだ。街そのものは活発になっているのに、地域にかかわる若い世代がいなくなるのだった。

一方で朝鮮人居住者は増加した。朝鮮半島の南北分断と政治的対立は、地域朝鮮人社会に直接影響が及ぶという複雑な地域構図をもたらした。また、朝鮮半島出身者もその歴史的な関係もあって朝鮮人の地域コミュニティーの形成を難しくした。戦前、済州島と大阪港の定期便（君が代丸）が就航、済州島から多くの島民が渡日して猪飼野地域を中心に暮らすようになった。解放後、朝鮮は南北に分断された。韓国の反共独裁政権は済州島々民らを反国家勢力だとして多くの島民を虐殺した。（一九四八年、四・三事件。政府は犠牲者を約四万人と発表するが実際はもっと多い）。難を逃れるため多くの島民が日本に逃避した。猪飼野で暮らす親族らを頼った彼らは、事件の事には口を閉ざした。一九八〇年代半ばになってようやく、事件の真相を求める声が出始めるようになった。

前の稿でも触れたが、猪飼野では解放後も祖国に帰らない朝鮮人が多かった。解放時には三世も生まれ生活の基盤もできていて、朝鮮本国の混乱や経済的不安などもあっての選択でもあった。しかし朝鮮の〝分断対立〟はすぐに地域朝鮮人にも大きな影をもたらした。いわゆる韓国民団と朝鮮総連が地域の朝鮮人社会において政治的に対峙し、地域の朝鮮人だけでなく日本人社会にも暗くて大きな課題をもたらした。南北問題や韓国で起きる政治的問題などで現在も影響を受けている。

一九七〇年半ばごろ、猪飼野ではケミカルサンダルの産業が興った。もともと、戦前からゴム工場もあって地域産業のひとつでもあり、ゴムサンダルなども生産されていた。やがてケミカルサンダルは〝ヘップ〟と呼ばれるようになった。映画〝ローマの休日〟でオードリー・ヘップバーンがサンダルを履いていたことからそう呼ばれるようになった、とのことだが本当かどうかは分からない。最盛期には一日に約二〇万足を製造したと言われたほどである。その産業を主に担ったのは、四・三事件から逃れた済州島出身者だったと言われる。その産業の隆盛は、済州島からの新たな渡日をもたらした。当時、日本と韓国の往来は極めて難しい時代だったので、〝密航〟という手段しかなかった。渡日と就業は親族が支援した。ちなみに、結婚して家族を持つようになった〝不法在留者〟らは入管当局に摘発されたり、自主出頭して〝特別在留許可〟に望みを賭けた。今日と違って当時の日本政府は過去の歴史を鑑み、戦前に日本での居住歴や、資産や能力などを考慮して〝特別在留許可〟を出した。私も何人かの人たちの〝在留許可活動〟を担ったが、一九七〇年の末ごろからはかなり厳しくなった。私の経験では、日本人住民らによる〝署名嘆願〟は大きな力になったように思う。

同じ地域住民なのに、日本人と朝鮮人はそれぞれ別々に暮らしていた。また朝鮮人は、難しい地域状況を克服するための街づくりをしてこなかった。朝鮮人は祖国の状況には強い関心と眼差しを向けたが、自らの〝コミュニティー〟づくりには関心が薄かった。このような複雑な〝構造〟を持つ猪飼野の真ん中で、聖和社会館が活動を始めたのだった。一九八一年、〝五〇年〟にわたる地域の歴史を持つ聖和社会館々長に〝在日朝鮮人二世〟の私が就いたことは地域社会に少なからぬ波紋を起こしたようだった。

(2) 朝鮮人の祭り

社会館の活動をどう〝展開〟するのか？　地域住民への貸館、各種教室、子どもクラブなど昔行っていた事業だけをすることは楽な選択だった。しかし、地活協の三年間にわたる地域運動の経験上その選択はあり得なかった。妹尾牧師は「トッカンは何を言い出すかわからない」とずっと無理難題を言った私のことをそう思っていたと思う。会館の運営費が足りず、支援を願っても断られたことはなかった。

ただ、私と教会の信徒らとの問題が起った時、〃私の側〃についてくれる事はなかった。「トッカンがやりたい事をしているのだから、自分で受け止めよ」という感じだった。たまに〃ホテルの宿泊券が手に入った〃との連絡があると、ホテルの部屋で夜遅くまで、だまって〃私の愚痴〃を聞いてくれた。

私には〃地域に出ていく〃ことしか発想はなかった。複雑な地域状況を考えると単純な「であい」の場づくりは出来なかった。地域で複雑な状況に置かれた在日朝鮮人の〃突破口〃を考え続けた。自身に無縁だった〃民族文化〃についても、社会館の〃柿落し〃における沈雨晟先生の一人劇公演が刺激になった。地域状況を考えると〃分断〃が考えの出発になっていたようだった。小学の六年生の頃だったと思う。家の外から賑やかな音が聞こえた。出てみると、いくつかの旗と楽器を演奏する行列が近づいてくるのが見えた。それは〃農楽（隊）〃で、秋夕（満月）の時に五穀豊穣を感謝する〃パレード〃だと知ったのは大人になってからだった。「農者天下之大本」と書かれた旗を持っていたのは私の祖父だった。恥ずかしさのあまり、家に入ってしまった記憶があった。どこかで朝鮮人であることを卑下し、隠そうとしたそんな子どもだった。差別とは悲しく辛い思いと記憶を残すのだ。

そんな情景の記憶が蘇えると、祖父を懐かしく思った。「ひょっとして私にも祖父のように旗を持って、農楽隊を引き連れ地域を歩けるだろうか？」と思ったりすることもあった。ある時、民族文化研究会の金学鉉先生が〃ポツリ〃と呟いた。「これだけ多くの同胞（朝鮮人）が住んでいるのに、祭りひとつもできないのか」という嘆きだった。

「あっ、これだ」と思って友人たちに〝朝鮮人のまつりをやろう〟と呼びかけた。〝何を夢みたいなことを言ってるのか？〟という反応だった。南北問題や韓国の民主化などが何よりも重要な時代だったから仕方がないか、と思った。一九八二年秋、関西韓国ＹＭＣＡの金秀男幹事や民族文化研究会のメンバーら数人が集まって「生野民族文化祭」準備会を持った。

しかし何度会議をしても、何しろ初めてのことなので具体的な構想がでるには皆が認識不足だった。その場には呉千恵もいた。彼女は地活協時代から気心の知れた後輩だった。音大卒の彼女は、社会館で〝子どもピアノ教室〟の講師もしてくれたし、各種の行事を助けてくれた。そのうち「イルム」の制作に時間が取られるなど、準備会の維持も危ぶまれた。

その時〝彗星のように輝く〟二人の女性が現れた。李栄汝（イヨンニョ）は、私の地活協時代、ＹＭＣＡに来ては講師をしていた下仁子と談笑していたので顔だけは知っていた。いつも溌剌として、ちょっと近寄りがたい雰囲気を持っていた記憶がある。栄汝は準備会の度に幾つかのアイデアを提案した。彼女なりの構想もあったのか、そのうち準備会は彼女がリードするようになった。私には文化を云々する知識も体験もなかったので、委員会の維持と対外的に必要な活動を担うことにした。彼女は中川小学校で朝鮮人の子どもたちの「民族学級」の講師をしてチャンゴ（長鼓）を朝鮮人児童に教えていた。栄汝の前向きな、何より明るい性格だったので朝鮮人の若者、なかでもたくさんの女性たちを準備会につれてきた。そして春になって「生野民族文化祭実行委員会」が正式に発足することになった。一九八三年春だった。

李栄汝は夢がわくように文章を書いた。彼女が書く文章は詩人のように〝リズム〟があった。彼女は社会館で〝子ども会をやりたい〟と言った。彼女はすぐに〝ハヌル（空）子ども会〟と名付け、会の歌を作詞した。瞬く間に歌詞を書き上げるのを見ながら〝凄い〟と驚いた。すぐに、呉千恵に作曲を頼み子ども会の歌もできた。ただ、誤字が多くて彼女の文章を添削するのが私の役割だった。数年後、文化祭の後輩女性に子ども会の担当職を託して退職した。編集記者を経て解放新聞の記者になり、女性運動などで活躍した。共通の知人に冗談話で彼女の〝誤字〟の話をすると、「職業記者になるために大変な努力をしていたのを傍で見ていた」と語ってくれた事がある。

関西韓国ＹＭＣＡから韓国に留学派遣されていた金君姫（キムクニ）が大阪に帰ってきた。韓国舞踊や伝統楽器を習得してきた。下仁子にさそわれてＹＭＣＡの交歓会に参加したことがあった。金君姫が韓国に留学する前だった。彼女はまだ二十歳前だったと思うが、彼女の表情に強い印象を持ったことを記憶している。大阪に帰って間もなく、栄汝から民族文化祭の話を聞いた金君姫は若者が集まりはじめた社会館に顔を出した。

ふたりの若い女性が、文化祭が実現するための牽引者になった。彼女らはその後、〝回〟を重ねるたびに文化祭の軸として活躍した。

私の役割

民族文化祭における私の役割は別にあった。〝文化的センス〟など微塵もない私には重要な役割があるのが最初からわかっていた。文化祭のプログラムは栄汝と君姫らに任せて実行委員会で状況報告や要望を受ければ済んだ。問題は、猪飼野の日本人社会と在日朝鮮人社会にどのように〝了解〟を取りつけるかだった。いや、了解ではなくても〝無視〟されることが大事だったのだ。事が大きくなれば、日本社会からの反発が出るのは自明だった。また、地域の朝鮮人社会にも不必要な問題、すなわち政治的な南北対立の〝枠〟から距離を置くことが重要だったのだ。

まだ在日社会では〝無名〟で〝実績〟もない私のできることは、人を訪ねて文化祭の意義をコツコツと訴える事しかなかった。文化祭の話が〝噂〟として広がって欲しいと思った。最初に訪ねたのは、関西朝鮮奨学会の曺基亨先生で五月の初めだったと記憶している。関西の朝鮮人社会で最も人望がある人だったからである。当然私のことは知らない。私が〝猪飼野で朝鮮人の祭りの準備をしている〟と訴えても〝何を夢みたいなことを……〟という感じだった。でも〝頑張りなさい〟と言ってもらっただけでも嬉しかった。七月になって民族文化祭のプログラムが少しずつ具体化し、練習も始ったものの〝祭りの会場〟が決まらない。実行委員会としては、猪飼野の中心にある御幸森小学校しか考えられなかった。日本で最も朝鮮人が多住する地域で、在籍児童の七割ほどが在日子弟だったからだ。学校長に校庭を使用したいと訴えたが、返事は重かった。いや、迷惑そうだった。校長としては地域の日本人社会を考えると〝簡単ではない〟と思うのも理解できた。学校には「(市外教) 大阪市外国人教育研究協議会」の事務局があった。事務局にはオモニハッキョの教師をしている扇田文雄がいた。彼らも小学校の使用は悩ましい問題だと思ったようだ。〝地域の公園〟の使用をすすめる人も多かった。私は機会があるたび曺基亨先生に民族文化祭の進捗状況を報告していた。若い同胞がたくさん集まりそこは南北の垣根のない場所になっている、と話すと最初に会った時よりも関心を持ってくれた。私は〝会場使用をめぐる〟状況を説明して御幸森小学校が使えるように仲介を依頼した。その場で返事はもらえなかった。

しばらくして学校から連絡があった。学校長は〝生野民族文化祭の使用を許可します〟と言った。但し運動場とトイレのみの使用許可だった。私は〝曺先生の働きがあった〟と感謝した。

民族文化祭の開催には多額の費用がいることは初めからわかっていた。練習場として使う社会館は別として、農楽などの大きな音が出る練習場所は別途に探さなければならなかった。実行委員会がカンパを募って練習会場など当面の費用は捻出した。何とか近隣の勤労青少年会館を借りることができて日曜日に農楽の練習をした。

地活協時代に知った人たちにお願いして、文化祭に賛助してくれる企業や朝鮮人経営者を訪問する際に同行してもらった。プログラムの協賛広告を依頼するため書基亨先生も同伴してくれた。大阪市立大学の川久保公夫教授には何かと世話になった。地活協時代に知りあってから何かと声をかけてくれた。社会館活動が始まると、よく事務所に顔を出してくれた。生野の人権を考える会が日本アムネスティー代表のイーデスハンソンを招いて〝人権講演会〟を企画した時などは、副代表だった川久保教授が労を取ってくれた。

暑い夏が過ぎ文化祭の開催までふた月、九月に入ると準備にも拍車がかかった。文化祭のプログラムも確定した。農楽、舞踊〝扇の舞〟。〝ノレチャラン（のど自慢）〟は生バンドの演奏だった。社会館のホールを使ったマダン（広場）劇の練習も熱を帯びた。劇を演出指導したのは梁民基で、当時では稀だった朝鮮民衆文化の研究者であった。彼は沈雨晟先生や神戸学生青年センターの飛田雄一とも親交があった。大阪や猪飼野の在日朝鮮人だけでなく、京都や神戸・尼ヶ崎からも在日の二・三世の若者らが毎日のように社会館に足を運んで、夜遅くまで練習や衣装づくりに励んだ。在日の若い画家らが集まり、祭りの当日会場に設置する大きな看板を描いてくれた。そこには朝鮮の様々な民俗風景が描かれていた。

ポスターやチラシもできた。祭りの当日も重要だったが、私たちには〝猪飼野の地域に出る〟という大きな目標があった。青年や子どもたちによる〝農楽パレード〟だった。在日の子どもたちは地域の夏祭りの時、法被を着た日本人の子どもたちが〝だんじり（地車）〟を曳く姿を羨ましそうに見ながら育った。〝私たちも民族衣装を着て、楽器を打ち鳴らしながら地域に出る〟ことは、地域社会に向けた〝差別と抑圧からの解放宣言〟とも言えたからだった。さらにそのパレードの行列で「朝鮮市場（御幸森商店街）」の通りを練り歩きたいと思った。

私には〝事はそう簡単ではない〟ことは判っていた。商店街が戦前と戦後を通じて、日本人と朝鮮人の店主らの複雑な構造関係にあることを知っていたからだ。朝鮮市場といってもそこは地域日本社会である。御幸森神社を中心に村社会が形成されてきた地域なのだ。戦前から朝鮮人商店があったとはいっても構造的には変らない。さらに、朝鮮の南北分断によって朝鮮人商店主も政治的な強い影響を受けざるを得なかった。〝民団（韓国）と朝鮮総連（北朝鮮）〟という朝鮮半島の国家の分断は、朝鮮人の多住地域であるがゆえに日常生活にも大きな陰を落としていたのだ。しかし朝鮮人店主らは暗黙のうちに〝政治〟を遠ざけて〝共存〟するために努力していた。

その朝鮮市場に農楽隊がパレードするというのだ。私は九月初めに生野警察署を訪問し、パレードの申請をした。意外にも通常のデモ申請のように簡単に書類申請を済ますことができた。しかし許可書がなかなか発行されなかった。そのうち警察から連絡がきて許可は難しいかも知れない、とのことだった。

〝何とか申請を取り下げてもらえないか？〟と言い、〝不許可〟とは言わなかった。「朝鮮市場はその地域柄〝デモ〟は認めないことになっている」と繰り返し言った。子どもも一緒に行進するパレードでデモではない、と言ってもだめだった。警察署にとっても初めてのことだったし、商店街の意向も無視できなかったようだった。

文化祭の開催日も近づいてきた。私は川久保教授に頼んで生野警察署に同行してもらうことにした。警察署の副署長も出てきて〝何とか申請を取り下げてくれないか？〟と従来の主張を繰り返した。川久保教授もその交渉に加わってくれた。長い交渉の結果の末に〝厳重な警備をする〟と言いながら許可書を発行してくれた。〝初めてのことだ〟と困惑しながら言った。

第一回生野民族文化祭

一九八三年一〇月一六日、日本で初めて在日朝鮮人の民族文化祭が開催された。南北をこえる若い世代による手作りの祭りである。前夜祭になる一五日の地域農楽パレードには、一人ひとりが民族衣装を着て楽器を打ち鳴らしながら猪飼野の街中を行進した。

私にはパレードの総責任者としての重責がある。なによりも社会館を出て無事に戻ってくることが大切だった。私も民族衣装を着ていた。韓国の妻の実家から〝民族服〟が届いていた。民族服を着ることも、ましてやそれを着て街中にでることなどは初めての事だった。出発の時間が来ていよいよ社会館の門の前に立った。後ろには色とりどりの衣装を着て、楽器を持つ子どもや青年ら二百人ほどが緊張した面持ちで〝時〟を待っていた。私はこの地域で育ったが、時には朝鮮人であることをできるだけ触られたくない、と思って生きた。多くの朝鮮人がそうであるように〝日本名（通名）〟を使った。しかも私は大阪聖和教会では地活協時代まで通名を使っていた。振り返れば恥ずかしい話だが、地域の朝鮮人の多くはそのように〝ふたつの名前〟で生きていた。今でこそ本名を使う朝鮮人が多くなったが、通名がなくなったわけではなく、表札には本名と日本名が併記された家も多い。そこに民族服を着て街に出るのだから緊張そのものだった。

出発の時間が来た。押し出されるように社会館の門を出て通りに出た。みんなが楽器を打ち鳴らしながら行進した。子どもたちは小鼓を打ちながら、前列の青年たちの後を歩いた。人々の表情は様々で、笑顔で拍手をしたり、手を振る人もいた。困惑した表情で眺める住民もいた。最大のハイライトは朝鮮市場に入った時だった。店から出てきて踊り出す人、カンパを手渡そうとするひともいた。パレードの横には〝警察官〟らが警備についた。悲しいことだったが朝鮮人を〝警戒〟する、そんな目で私たちを見ていた。

翌日、会場の御幸森小学校には多くの人が詰めかけた。舞台となる校庭の回りには朝鮮料理を出すテントが並んだ。学校ごとの外国人保護者会や地域運動をしているグループも出店した。三千部準備したプログラム冊子もほぼ無くなった。会場には一日中音楽が鳴り響き、三世の若い女性たちは〝扇の舞〟を披露した。最後の〝マダン劇〟が終わると、会場にいた人たちと一緒になって陽が陰るまで踊り続けた。

このようにして在日朝鮮人の最初の祭、生野民族文化祭は終わった。その後在日の祭りは、京都東九条マダン、神戸長田マダン、東京荒川マダンなど日本各地でその地域状況にあわせた祭として日本全国に広がった。

〝会場使用〟をめぐる壁

翌春、第二回生野民族文化祭実行委員会を発足させた。最初に御幸森小学校の校長を訪問、〝今年もお願いします〟と挨拶した。昨年、校長が「本当に良かった。ご苦労様でした」と言ってくれていたので、会場に関する問題はないと思っていた。校長は返事をしなかった。気になったので市外教の事務局にそのことを話した。事務局も困惑した様子で、何か煮えきらなかった。校長と何度か話すうちに事情がわかってきた。ひとつは、地域の日本人からの〝抗議〟だった。地域振興会の長老が問題視したそうだ。戦前戦後を通じた〝差別意識〟が無くなった訳ではなく、古い価値観が地域に引き継がれていたのだ。日頃は表面化しない事も、民族文化祭のような出来事が起きると〝反発〟が出るのだ。〝ここは日本だ、朝鮮人の地域ではない〟という抗議は校長の立場を苦しくした。地域社会と公立学校は密接な関係にあった。

もうひとつは、学校の外国人保護者会々長の〝批判的態度〟が校長に影響を及ぼしたことが徐々にわかった。私は実行委員会のメンバーらと一緒に会長宅を訪ねた。会場の〝使用〟に協力して欲しいと何度も哀願したが、冷たい態度で〝返事〟の言葉すらなかった。後でわかったのは私たちには〝礼儀がない〟という。朝鮮人社会の〝閉鎖的な儒教意識〟は、若い人たちの〝頑張り〟よりも自分達の〝面子〟に拘ることが多い。このような事柄には何度も直面して私の気持を悩ませた。

結局、御幸森小学校の使用を断念した。地域の公園で、という提案もあったが朝鮮人生徒や児童が通う〝地域の学校〟を放棄したくはなかった。人を介して大阪市教組の教師を紹介された。事情を聞いた彼は、鶴橋中学校の教師を紹介するから〝相談してみるように〟と勧めた。教師を訪ねるとすでに〝事柄〟の連絡を受けていた。彼は私を校長に会わせてくれた。校長は「この学校を使ってください」と快諾してくれた。その上で助言をしてくれた。「地域の日本人社会との難しい関係はこの学校も同じです。祭の後、同様の事が起きると私の立場も難しくなる。そこで、文化祭の会場を毎年変えてはどうですか？　朝鮮人の児童生徒が多く通う学校は外にもあるので、貴方たちの活動の意義が広がると思います。

私は生野区の校長会で同じ主旨の提案をして了解を得ます。学校での会場使用が変るといっても同じ地域じゃないですか」

校長の言葉に励まされた。また、事前に挨拶しておくようにと、〝地域振興会の長老〟の名前が書かれた紙をくれた。こうして第二回生野民族文化祭の会場は〝鶴橋中学校〟に決まった。御幸森小学校は目と鼻の先にあった。私たちは「第一〇回生野民族文化祭を御幸森小学校で開催」を目標とすることにした。地域の人々も文化祭が始まる季節になると、〝もうそろそろやな、今年はどこでするんや〟と声をかけてくれるようになった。三年目になると生野警察署は〝もうアンタらに任せるから、事故に気をつけるように〟と言った。日韓政府による交換研究者として国立民俗学博物館に留学していた、ソウル大学教授で文化人類学者の李文雄（イムヌン）は、第六回文化祭の準備過程を見ていた。文化祭の後、取材TVインタビューで彼は「祖国を知らないで育った彼らは、ホン（魂）を探しているんだと思った」と答えた。

民族文化祭は年ごとに生野区内の小中学校を会場として続けた。一九九二年の秋、「第一〇回生野民族文化祭」が御幸森小学校で開催された。十年間積もった思いが弾けた祭りになったのは言うまでもない。

危機

一九八六年、春先のことだった。いつものように社会館に出勤すると電話が鳴った。電話を取るなり相手が私を問い詰めるように一方的に話し捲った。「お前はいつから総連の手先になったんだ」と言うのだ。電話の主は。韓国居留民団生野北支部の事務局長だった。相手の話に戸惑いながら、ふと会館の玄関にある大きな掲示板を見て息がつまるほどに驚いた。そこには一枚のポスターが貼ってあった。前日の夕方に社会館を出るときにはなかったはずだが、と思った。そこには大きな活字で「金正日平壌建設記録映画（三十分）」と書かれてあった。いわゆる北朝鮮の宣伝ポスターだった。

頭が真っ白になった。同時に〝これで民族文化祭も終わりかも知れない、ようやくここまで来たのに。もう韓国にも行けないだろうな〟などの思いが頭をかけめぐった。これで、社会館の地域活動も終わりかな？〝出会いとか共生とか言ってきたけれど、これが現実なんだ〟とも思った。はっと正気にもどって〝正面突破するしかない〟と思った。電話の相手に「これから北支部事務所に行って事の経過を説明します」と話した。社会館から事務所までは歩いて十分もかからない近くにあった。私の家もその近くだった。そのわずかな時間に解決策を考えなければならなかったが、とりあえずは〝時間稼ぎ〟が必要だと思った。変な弁明はせずに、事の経緯と私なりの解決策を提示しなければと考えた。

北支部の事務所に入ると、多勢の民団関係者がところ狭しと集まっていた。多くは顔見知りの人たちだった。韓国籍である私は北支部の団員だったし、旅券や戸籍謄本写しなどを申請するために事務所を訪問することもあった。それに一九五八年ごろだった思うが、北支部（当時は分団）が設立されることになった際、私の家（実家）の玄関一間が仮の事務所になっていた時があった。彼らは椅子に座る私を取り囲むように「いつから総連の手先になったんだ」「在日学徒義勇軍として北と戦った父親に恥ずかしくないのか」と言って責めた。父親は韓国に行っていて不在だったのが救いだった。黙って聞いていた私は〝何とか言え〟という声を聞いて「最後まで聞いてください」と言った。

「私の知らない事です。二週間ほど前に日本人と朝鮮人の婦人たちが会館の三階ホールの使用を申し込みに来ました。社会館では地域の人々が様々なサークル活動をするために利用しています。ただ民団や総連など政治的集会は許可しないし、これまで使用申し込みが一件もありませんでした」「婦人たちは、最近北朝鮮を親善訪問してきた日朝友好協会の日本人女性歌手の歌の会を開催したい、というので歌の会ならと思って許可しました」と説明した。実際に数日前まで掲示板に貼られていたポスターには〝歌の会〟となっていて、前日に変えられたようで、それを地域の電柱などにも貼ったのだった。私は「社会館としては〝記録映画の上映〟は絶対に認めません。歌の会も社会館ではなく隣りの教会の礼拝堂で行ってもらいます。それを認めないのなら会場使用を拒否します」と言ったうえで、事を解決するための時間的余裕が欲しいと説得した。事務局長は〝約束を守れ〟と、キツイ語調だった。

さてどうするか？　社会館に戻りながら対策を考えた。記録映画を上映させないことだけはハッキリしていた。ちょうどその年、教会は牧師が空席で教会の管理を私に任されていたので〝歌の会〟の会場に礼拝堂を使うことは解決できた。社会館の近くにある朝鮮総連生野西支部に話をするとややこしくなると思った。それで総連大阪本部を訪問して直接〝談判〟することにした。ただし事がことだけに私ひとりで行く訳にもいかなかった。日頃懇意にしていた、大阪中央日朝共闘委員長の西浜楢和に大阪本部への同行を頼んだ。車で本部に向かいながら事情を説明して〝ただ、私の横に座ってくれるだけでいい〟と了解を得た。

私と西浜委員長は朝鮮総連大阪本部の国際部長と面談、事の次第を説明した。国際部長は困惑したようだった。西浜が同席しているので私を無下にもできず〝金正日の記録映画〟の上映問題は、北朝鮮本国との関係を含めて彼にとっても簡単な事でないのはわかっていた。「もし、私の申し出（解決策）を拒否されるなら私にも覚悟があります」と、ちょっと無謀とも言える発言をした。横にいた西浜委員長は表情ひとつ変えないで座っていた。朝鮮総連との関係を考えると厄介なことに関わった、と思ったかも知れない。しばらく事務所奥で協議をして出てきた国際部長は〝申し出は了解しました〟と言った。ただ〝生野西支部と婦人部〟が問題ですが、とも付け加えた。

社会館に戻ると、総連生野西支部委員長が険しい表情でやってきた。日頃、道で出会うと言葉は交さないが会釈はしていた。近くの喫茶店で無言のまま、向かいあうこと三十分ほど私を睨みつづけた。私は三十歳代の若者だったので、不遜な奴と思ったかも知れない。「本当に済みませんでした。私は地域でお互い立場を尊重したいと思っています」と言って席を立った。社会館に戻ると総連婦人部の人たちが押し掛けていた。二階の部屋で彼女たちから厳しい抗議を受けた。黙って聞いたあと「隣りの教会で歌の会だけを行ってください」とだけ話した。その日の夜、歌の会が教会の礼拝堂で行われた。社会館事務所に流れてくる歌声を聞きながら〝激動〟の一日を振り返った。教会近くの路地では民団の人々がたむろしていた。

後日、地域を歩いていると西支部委員長と出会った。お互いに何事もなかったかのように会釈を交した。彼が私と社会館の立場を理解してくれたと思うと正直嬉しかった。当然、民団北支部にも行った。事務局長は事の経過は別として、約束したように記録映画の上映をしなかった事は評価している、と言った。少し安堵した。その当時の韓国は全斗煥（チョンドファン）大統領、軍事政権下にあった。たくさんの在日韓国人がスパイ（間諜）事件を捏造され、〝国家治安法違反〟として獄に送られていた。猪飼野は朝鮮人多住地域だけに、南北対立政治の影響をもろに受けていた地域でもあった。生野区には民団と総連、それぞれ四ヶ所の支部があった地域である。朝鮮半島における対立と緊張は地域の朝鮮人住民の暮らしにも強く影響した。もしあの時に社会館で〝金正日平壌建設記録映画〟が上映されていたら、と思うと私の地域活動、民族文化祭にとっても〝危機の一日〟だったことだけは間違いない。

内なる共生課題

生野民族文化祭は回を重ねるごとに盛大になったが、いくつかの課題も見えるようになった。文化祭に関心を持つ若者の意識も多様になりだし、時代の変化とともに在日社会も変化しはじめた。八〇年代はそんな変化の過渡期だった。当初私たちが拘った〝民族意識〟にも変化の兆しが見えるようになった。なかでも〝朝鮮人の祭り〟を強調したことによって、猪飼野で地域活動する日本人に〝疎外感〟がうまれた。初めの頃〝朝鮮人だけの祭〟に拘ることに多くの日本人は理解してくれた。しかし回が重なるにつれ、地域で活動する日本人にも〝共生意識〟が拡がっていたことから〝民族〟を強調する文化祭に〝不満〟が芽生えていた。在日の置かれた状況を知るがゆえに〝言葉〟は慎んでいた。

しかも在日社会においても世代の変化と多様さが起っていた。猪飼野地域では四世、五世が成長しはじめていた。考えてみると四世とか五世という言葉はどこか馴染まない気もした。また日本と韓国の往来が盛んになり〝在日〟の枠も多様化しはじめた。また、朝鮮人と日本人の結婚も増えていた。私たちだけが〝民族〟に拘っているのではないか？ひょっとしてそれは〝排他性〟につながるのではないか。桑原重夫牧師が〝民族を拘ると排他的になるよ〟と助言してくれた言葉を思い出した。

初期のころから文化祭に関わってきた青年が日本人女性と結婚、女の子が生まれた。数年後、子どもが文化祭に参加したいと思うようになった。農楽の練習をするために母親に連れられてきた。その過程で母親が子どもと一緒に参加したいと思い、私は当然のことだと理解した。実行委員会にそのことを提案したが、いとも簡単に反対された。文化祭の初期、私にも同じ意識を主張していたので返す言葉もなかった。ただ〝見てみぬフリができなかったのか〟という残念な気持が残った。もう以前のように〝民族意識〟に拘らなくても朝鮮人として生きて文化祭もできるはずなのに、とも思った。その頃から日本人と共生する地域社会づくりのための活動、を強く意識するようになった。

民族文化祭は回を重ね、私たちが目標にして頑張ってきた「第一〇回生野民族文化祭」を念願の御幸森小学校で開催した。これを契機に私の意識を支配していた〝民族意識〟のカベを克服したいと思うようになった。

㈤　指紋押捺拒否

一九八〇年九月、東京の韓宗碩は外国人登録証の切替（確認）手続きする際、登録証への指紋押捺を拒否した。それを契機に在日外国人、とくに朝鮮人の押捺拒否が日本全国に拡がった。在日外国人、とはいえ、その多くを占める朝鮮人を〝管理〟する目的が明確だった。朝鮮人には〝三年に一度（後に五年）〟の登録証の切替が義務づけられていた。そして〝本人を確認〟するという目的で、切替ごとに指紋押捺をさせられた。日本政府は〝本人確認〟と主張したが、指紋は永遠に変るわけではなく一度採ればすむ話だった。一般的に指紋押捺は〝犯罪者〟をイメージさせた時代だった。さらに政府の〝確認作業〟を担当する法務省の職員はたったの三人しかいなかった。大阪府警の富田外事課長は「法がいやなら国に帰れ」と発言した。

私は一九八五年五月の誕生日を前に生野区役所で、登録切替の際に指紋押捺を拒否した。じつは私は押捺拒否するつもりがなかった。そのことは生野の人権を考える会の友人らにも話していた。拒否運動を否定するのではなかったが、私は社会館での地域活動をすること以外、余念がなかったからだった。窓口で切替手続きの最後、職員の「指紋押しますか？」という軽い言葉に、瞬間的に侮辱感を覚えて「拒否します」と言ってしまった。社会館に帰って職員に〝拒否した〟と話した。〝何の準備もしていないのに〟と呆れ顔で言われた。私の〝指紋押捺拒否〟運動の始りだった。

私が最初に指紋押捺をしたのは一四歳の誕生日前のことだった。中学校の担任教師から授業を〝早引け〟して区役所で〝登録申請〟を済ませるように、と言われたとの記憶がある。当時は一四歳から外国人登録と登録証の指紋押捺とが携帯義務だった。区役所で事務手続の最後、職員に言われるがまま仕切りをした部屋で指紋を押した。真っ黒なインクに指を着けて、それを印刷するように登録証と登録記録台帳に押した。〝お前は朝鮮人だ〟と改めて念を押されたようで頭が真っ白になった記憶が鮮明にある。それから三年ごとに区役所で同じ事をした。〝なくしてはいけない〟と思って机の引き出しに仕舞っていた。職務質問を受け、登録証を所持していないと判ると刑事罰を受けるひともいた。日本が朝鮮に行った歴史の反省もなく、戦後も在日朝鮮人の管理を続ける〝酷い仕打〟だった。私のように多感な成長期にあった中学生が傷つくのも当然だった。在日朝鮮人に対する人権意識が希薄な時代だったのだ。

急遽〝支援する会〟ができた。労働組合やキリスト教関係者、大阪聖和教会の青年などが支援に加わった。指紋押捺拒否運動が日本各地に拡がるなか、法務省は〝五・一四通達〟を出して指紋押捺拒否者に厳しく対応しようとした。それに抗議して、一九八五年七月に生野区役所横の公園で三日間の〝断食〟行動もした。そんななか、一九八六年に全斗煥大統領が来日することになった。日本政府は日本だけでなく、海外からも批判を受けていた〝指紋押捺問題〟を解決するための機会にしようとした。日韓首脳会談（全斗煥大統領・中曽根康弘首相）における政治決着で〝指紋一回制度〟になった。日本政府は政治的〝面子〟を守るため、特に、大阪の指紋押捺拒否者を対象に刑事処罰しようとした。

逮捕

その頃から社会館に生野警察署外事課刑事が度々訪問するようになった。「事情聴取」をするので〝任意出頭〟しろと言うのだ。私はそのたびに拒否した。刑事は私の家に来ては〝夫に出頭するよう説得〟することを強要した。対応に出た妻は怖かったそうだ。

一二月一二日、私は〝外国人登録法違反〟で逮捕された。前日の夜、親しくしていた新聞記者からの電話を受けた。当時、彼は大阪府警の記者クラブに詰めていた。「トッカンさん、今日は風呂に入っておいてください」と彼は短く話すと電話を切った。

朝早く起き、朝食を済ませて日頃は着ることのない背広・ネクタイ姿で〝その時〟を待った。朝七時、玄関のチャイムが鳴った。戸を開けると刑事二人が立っていた。その時長男は通学の準備のため二階にいて良かった。父親が逮捕されるのを目の当たりするのは避けられた。年輩の刑事は「今からでも遅くありません。任意出頭しませんか?」と丁寧に言った。〝そのつもりはありません〟と返事した。「仕方ありません、逮捕します」と令状を見せた。横にいた若い刑事が手錠を取り出すと「その必要はない」と言い、私は外で待つ警察の車に乗った。家から生野警察署まで車で五分だった。私の長い一日が始った。

調書を作成するのに約一時間。あとは広い刑事課の机の前に座り時を過ごした。刑事とは近頃の地域状況の世間話をした。〝大阪地検〟に送致するまで待っていてください、と言われた。昼食はアルミの弁当箱だった。〝粗食で済みません。規則なので〟と言ったが、意外に美味しかった。外は大騒ぎになっているようだった。支援者が抗議するマイク音が聞こえた。午後三時頃、〝出ましょうか〟と言われた。「スミマセンが署の外に出るまで手錠をかけさせてもらいます。警察署内の視線もありますので」と言った。三階の刑事課から一階の裏門まで、階段と通路は警察官が並んでいた。車に乗ると、朝の刑事が座っていた。横の若い刑事に〝手錠を外すように〟と告げた。大阪地検まで三〇分、谷町筋から見える大阪城は見慣れた景色だった。

大阪地検の検事室で待つこと約二時間。部屋に入るなり検事が「略式起訴にしましょう」と言った。罰金刑で済ませますという意味だった。私は「起訴してください。正式裁判を受けます」と告げた。この間、たったの五分だった。検事室を出ると私を逮捕した刑事、何度も社会館にきて任意出頭をすすめた外事課の刑事の二人が座っていた。私に紙の束を手渡してくれた。全国から寄せられた〝激励〟電報だった。刑事は「貴方を尊敬しています」と言った。耳を疑った。彼らは「トッカンさんが地域で行っている努力を私たちは知っています」と言ってくれた。本心だろうか、複雑な気分だった。

二つの裁判

一九八七年三月四日。大阪地裁で初公判が行われた。傍聴人が多くなるので大法廷で公判が行われることになった。初公判で私は二時間にわたって指紋押捺の不当性を訴えた。外国人登録課で窓口事務をしていた西宮市役所の小川雅由や、憲法学者らが指紋押捺制度の問題点を証言した。生野区役所の山崎仙松区長も証人として「生野区の行政、在日朝鮮人も区の住民」という観点から指紋採取の不当性を訴えた。山崎区長は国会で市民行政の立場から証人として出席。「生野区において在日朝鮮人は、長い居住実績を持つ地域住民」だと訴え、指紋押捺の撤廃を訴えた人物である。

全国的に行われていた裁判で、歴史的な居住経過と永住資格を持つ在日朝鮮人への指紋押捺強制に〝違憲判決〟が出るのでは、という雰囲気が醸成されつつあった。国連人権委員会からの批判もあって、日本政府の悩みは深まっていた時期でもあった。

公判が進んで判決の時期が見えてきたその時、一九八九年一月七日昭和天皇が亡くなった。日本政府はこれを利用した。一月後の閣議で、天皇死亡による〝大赦〟を決定した。私たちの意思に関係なく裁判官は〝大赦による免訴〟を宣告した。戦後、日本政府は天皇を利用したふたつの法令を〝強制〟した。一つは戦後間もなく外国人登録令を〝勅令〟という形で制定した。天皇による人間宣言によって天皇の権限はなくなったはずだった。一九五二年四月、サンフランシスコ講話条約で日本に主権が回復するのだが、その間隙をついたのだ。私は裁判を受ける〝権利〟すら〝大赦〟という名のもとに排除された。

一九八九年六月、私は〝大赦〟を強要された人々、一三人と一緒に「大赦拒否裁判」を提訴した。同時に国に対して、不当な逮捕に対する〝損害賠償〟請求をした。裁判の過程で、大阪で私を含め三人の警察官が証人に立った。私以外の原告二人を逮捕した刑事らは、異口同音に「逃亡の恐れがあった」ので逮捕は正当だ、と主張した。私の証人として出廷した生野署の刑事は、社会館に来ては「任意出頭してもらえませんか?」と言っていた人で、大阪地検で私の取り調べが終わるのを待っていた人物だった。彼は裁判官が「キムトッカン原告人も逃亡の恐れがありましたか?」と聞いた。刑事は「キムトッカン先生は逃亡するような方ではありません」と証言した。傍聴席はざわめいた。裁判が終わって廊下ですれ違う際、お互いに軽く会釈した。

一審裁判の結果、「原告への逮捕は不当で、五万円の慰謝料を支払え」との判決があった。もちろん上級審で覆るのはわかっていた。

私の〝共生〟を目標にした地域活動が、猪飼野の地で小さな根を張ったのかなと思えるひとつの出来事だった。

㈥　いくの生活ともの会

一九七九年、ＫＣＣ会館の路地ひとつ隔てたところに在日大韓大阪教会の大きな教会堂ができた。環状線の桃谷駅と鶴橋駅の間で、生駒山を見る景色と重なるように高い十字架が見えるほどだ。その一階に愛信保育園ができた。地域の在日韓国人幼児らが通う保育園である。もちろん、日本人の子どもも入園できるのだが〝民族保育〟を課題とする保育園が特色だった。

その保育園でどこか〝溌剌〟とした女性保育士が目に入った。聞くと日本人だという。行澤公子とはそうして出会った。地域活動をしていると仕事柄たくさんの人に触れるので、私なりの人物観もそなわる。何よりもことばがハッキリとしていたのが印象的だった。彼女はそのうち自宅で友人たちと〝せっけん〟の共同購入を始めるようになった。〝いどばた共同購入会〟のはじまりである。

一九八一年には〝卵やパン〟も欲しくなった。ただ自宅では限界があり、それらを聖和教会の玄関の前に届けてもらい、その日のうちに会員らが受け取るという〝預かり処〟とさせてもらった。二年後に生野東にある友人の空き家で「いどばた共同保育所」を開所することになり、共同購入会の場所もそこに移った。扱う物品も少しずつ増え二年後には共同保育所を聖和教会の西、南北を通る〝神中通り〟の古い喫茶店跡の空き家に保育所と一緒に移転した。共同購入会の会員も七〇人を超えるようになると、保育所との両立が難しくなった。メンバーから「聖和社会館の地域活動と協力していけないか?」という議論が始ったと言う。

一九八〇年代の半ば、韓国では「共同購入会運動」の社会的関心が高まった。ソウルの東部の原州では〝五賊〟で有名な抵抗詩人金芝河（キムジハ）が、韓国生協運動の祖といわれる張壹淳（チャンイルスン）と「ハンサルリム（都市と農村の共生）」運動を始めるなど、それまでの政治運動が主流だった韓国で、農業を通した〝生活共同体〟運動を始めた。後に金泳三政権になり日本への渡航が可能になると、「生協活動」を学ぶために多くの活動家が訪日するようになった。このことは後の項でも触れることになる。

韓国YMCA連盟でもこれらの取り組みが活発になる。農業や食品など人々の暮らしに関心を向ける社会変革運動が広がるようになったのだ。黄柱錫（ファンジュソク）総務はそんな活動の中心メンバーだった。彼は聖和社会館の活動に〝生活共同体〟運動が加われば、地域活動の広がりにつながると私に力説した。どこかその言葉が私の意識に残っていたことが社会館における共同購入活動につながった。

一九八九年、行澤公子やいどばた共同購入会と協議した後、「いくの生活とものの会」は社会館を拠点として活動することになった。会員らへの〝物品の引き取り〟から〝宅配送〟することになり、生野民族文化祭にかかわっていた金君彦にその任を受けてもらうことになった。そのために彼を半年間、韓国慶尚北道の義城（ウイソン）の農家に研修のために送りだした。韓国基督教教会協議会（ＮＣＣＫ）の権許景総務と金東完幹事の協力があってのことだった。義城は林檎とニンニクの有名な生産地で、彼は有機農業に取り組む農家で研修を受けた。彼の研修期間の半年間、私が配送（週二回）を担った。

㈦　〝光州（クワンジュ）〟（一九八八年夏）

一九八〇年五月十八日、朝鮮戦争以後最も悲しい事件、いや国家と軍部による虐殺が行われた惨事が起った。ちょうどその時、京都のアカデミーハウスでは日本の都市産業宣教協議会（ＵＩＭ）の研修が行われていて私も参加していた。ロビーに置かれたテレビで、光州市民の大規模なデモの様子が写し出されていた。韓国からの出席者のほとんどは民主化運動に加わり拘束された経験を持つ〝闘士〟たちで、深刻な表情で画面を見つめていたのを、もう四十年以上の時が過ぎた今でもはっきりと記憶している。市民の虐殺が行われたのは、テレビ画面の映像から数日後のことだった。

いずれ光州に行こう、と思っていたが一九八八年八月、ついにその機会が訪れた。日本キリスト教団宣教部の君島洋三郎幹事から〝光州に行って欲しい〟との要請があった。横須賀伝道所の木村武志牧師は長らく市民らと米海軍基地に反対する活動を行っていた。また、ＮＣＣＪ（日本キリスト教協議会）や宗教団体、市民らが「韓キリ緊（韓国問題キリスト者緊急会議）」を結成して、事件の韓国政府の責任と真相解明を求める光州の市民運動を支援していた。その横須賀の市民活動家ら五人が光州を訪問する計画があるので，私に〝案内と通訳〟をお願いしたいという要請があった。何しろ光州に行ったこともなく、恥ずかしいことに通訳を引き受けるには韓国語の実力不足は明らかで、その任を負う不安は大きかったが、〝光州訪問〟というただそれだけの思いで光州行きを決めた。いま思っても無鉄砲きわまりなく、冷や汗がでる行為そのものだった。

以前から親しくしていたＮＣＣＫ（韓国基督教教会協議会）の林興起（イムフンギ）幹事がソウルの宿所、光州までのバスなどを手配してくれた。

光州で最初に向かったのは光州ＹＷＣＡ。そこで光州事件当時総務だったイ・エシン女史と面談した。イ女史は事件以後、戒厳軍司令部から厳しい捜査を受けて拘束された。彼女は市民らからの寄付金（百万ウォン）の記録帳を事務所のキャビネットに保管していた。事件当時、市民軍の遺体や負傷者の看護などの献身的活動を行った。市民からの寄付金で棺を四十九作ったという内容で、戒厳軍は押収した記録帳をどう利用したかは簡単に想像できる。捜索、押収された記録帳は、光州事件に関する貴重な資料だがいまだにYWCAに返還されていない。

また、韓国基督教長老会無尽（ムジン）教会の姜信錫（カンシンソク）牧師とも出会った。無尽は光州の昔の呼び名である。姜牧師は後に「五・一八記念財団」の理事長も務めた。後の項でもふれる「日韓保育交流」の原点でもあるパルサン教会とも深い関わりのある人だった。

光州の環境問題の住民運動のグループの案内を受けて、光州の西部海岸にある霊光（ヨングアン）原子力発電所にも行った。往復のマイクロバスの中で様々な説明を受けたが、専門的な用語などの通訳ができず冷や汗の連続だったことを覚えている。

次の日には「望月洞（マンウオルドン）墓地」を訪れた。そこは光州事件の犠牲者が眠る市民墓地である。現在は近くに国立の「五・一八記念墓域」ができて遺骨はそこに移った。残った墓域は「旧墓地」と呼ばれ、光州事件や韓国の民主化運動に関わった人々の墓が並んでいる。そこには、一九八七年の〝六月抗争〟によって韓国社会が民主化される契機にもなった李韓烈（イハンニョル）の墓もある。彼は延世大学校の正門前の集会の際、機動隊の打った催涙弾が後頭部に直撃し死亡した。また近年、当時の光州事件を扱った映画「タクシー運転手」のドイツ人記者ヒンツペーターの墓もある民主墓地である。また、一九七九年十月に起きた「南民前（南朝鮮民族解放前線準備委員会）」では反国家煽動事件として多くの人々を弾圧、投獄した。詩人の金南柱（キムナムジュ）は厳しい拷問を受け、一九九〇年代の初めに釈放されたが肉体的損傷の後遺症のため出獄後しばらくして死んだ。彼の墓も望月洞旧墓地にある。この時光州で出会った人々との関わりは数年後、日韓保育交流に繋がる芽となった。

光州での日程を終えてソウルに戻った私と横須賀市民グループは次の日、ＮＣＣＫのスタッフに二つの場所を案内された。最初に行ったのは麻浦区の蘭芝島（ナンジド）で、そこは巨大なゴミ捨て場だった。ソウルの生活ゴミが捨てられ、五〇メートルほどの高さの台地がいくつも続いていた。その西側にはスラムがあって、住民を支援する活動家に案内されて台地の頂上まで登った。生ごみ、ビニールなど生活ゴミの堆積場で、夜になるとゴミから出るガスが発火するのも日常事で大きな火災になる事もあると話してくれた。当時、金浦空港からソウル市内に向かう道路は漢江（ハンガン）の両岸にあった。事情を知らなかった私は、その道路を通る度に異様な臭いが気になっていたが、やっとその理由が解った。支援センターで、蘭芝島でスラムが形成される過程と住民の生活環境などの説明を受けた。一九七〇年代、農業国家だった韓国では朴正煕（パクチョンヒ）大統領がセマウル（新しい村づくり）運動と製鉄所などの国家基幹産業を推進しようとした。その過程で嶺南（ヨンナム、慶尚道の俗称）地方を優遇し、湖南（ホナム、全羅道）との露骨な差別化をした。慶尚道東海海岸の浦項（ポハン）には製鉄所、蔚山には造船所を建設した。それとは対照的に湖南に産業育成を推進しなかった。政敵で湖南を代表する政治家、金大中（キムデジュン）との差別化政策を行った。現在、韓国政治の地域的対立の原因のひとつになった。都市の産業化とともに職を求めて湖南からたくさんの人々がソウルに上京した。現在、首都圏の住民は湖南出身者が多数を占めている理由でもある。蘭芝島もそのひとつの地域である。一九七八年からゴミの堆積が始まり一九九三年仁川地域に移転されるまで続いた。その後蘭芝島地域は埋め立てられ、デジタル産業団地が造成された。また日韓ワールドカップのメイン競技場となるスタジアムも建設された。

その日の午後、案内スタッフは「これから高麗大学校に行きます」と言った。韓国の社会的実情に疎かった私と横須賀市民グループは、大学の大講堂に着いてからここに来た事情が解った。講堂の周辺は物々しい雰囲気で、自由に入れなかった。ふと近くのテントにＮＣＣＫ人権委員会の金炳均（キムビョンギュン）牧師の顔が見えた。金炳均は私と同じ歳で、光州近郊の羅州（ナジュ）にある教会の牧師である。彼も南民前事件で拘束され厳しい拷問を受けた。民主化が進んだとは言え、一九九〇年代に二度も獄中生活をした。〝牧師さん〟と声を掛けると驚いたように「どうしてここにいるんですか?」と言う。横須賀のメンバーを紹介しながら事情を話すと中に入るようにと言ってくれた。会場には人がぎっしりと埋まって、テレビカメラなど報道記者もたくさんいた。講壇の幕には『祖国統一汎民族連合南側本部発足式』と書かれていた。会が始まる前に司会者が「今日の発足式のために日本の横須賀米海軍反対運動をしている市民団体が来られています」と私たちを紹介した。その瞬間、テレビカメラや取材記者らのフラッシュが一斉に近寄ってきた。驚いて司会者が「壇上に上がって挨拶するように……」と言うのをやっとのことでのがれた。横須賀のメンバーには「これで無事日本に帰れないかもな?」と冗談半分で脅した。韓国社会はそんな時節だったのだ。壇上には韓国の民主化運動や労働運動、統一運動の著名な活動家が次々に〃立場を越えた幅広い人々の連帯と祖国統一〃を訴えた。私が最も印象的だったのは趙和順(チョ・ファスン、女性)牧師。彼女は仁川の〃東一紡績〃で女性労働組合を組織した韓国の女性労働運動の先駆者のひとりである。一九八一年の夏私は友人と訪韓。仁川都市産業宣教会(IUIM)を訪ねた折、私たちの前で胡座を組んで食事をしながら韓国の女性労働者の状況を話してくれた。その時彼女は当局から指名手配され、潜伏していた時期だった。強烈な印象をずっと持ち続けていたので壇上で話す趙牧師の姿を懐かしく思った。

(八) 日韓保育交流(一九九二年八月、光州保育所訪問)

(1) はじまり

一九九一年秋、韓国から一本の電話があった。李泰浩(イ・テホ)と名のる人物は〃陽子、光敏から紹介された〃という。日本の地方自治制度を学びたいので研修を受ける機会を準備して欲しい、ということだった。洪陽子（ホンヤンジャ）と金光敏（キムクアンミン）の二人は生野民族文化祭に関わった後輩で、当時は韓国に留学していた。日本に戻った陽子は建国学園の教師として長年にわたって民族教育に尽くした。在日三世の光敏はコリアＮＧＯセンターの事務局長として大阪における多文化共生活動にかかわった。長く軍事政権が続いた韓国は一九八七年の民主化以降、地方分権すなわち地方自治の必要性が提起されていて、一九九二年に初めて地方自治選挙が実施されることになっていた。来日してから大阪市職や市労連大阪市政調査会の協力を得ながら、大阪における革新自治体の歴史的評価など、専門家によるセミナー研修を受けた。一九九二年一月、李泰浩を含め、三人が来阪した。彼らは「民主憲法争取国民運動本部光州全羅南道本部」、通称〝国本（クッポン）〟と紹介してくれた。国本は一九八七年の民主化運動の主軸を担った全国組織である。民主化以降組織は解散されたが、光州地域の国本だけが活動を続けていた。当初は一〇人ほどの参加が予定されていたが、民主化宣言されたとは言えまだまだ軍事独裁政権色が強く残る時代で、韓国出国が認められたのは三人だけだった。現在のように日韓の自由往来は難しく、とくに運動家の訪日は一九九二年の金泳三（キムヨンサム）政権まで厳しい制約を受けていた。二月には国本の関係者で幼稚園を経営する女性が来阪、聖愛園保育所や公立保育所、解放保育所などを訪問した。後の日韓保育交流に至るひとつの契機になったかも知れない。翌三月、私は国本から招かれて光州に行った。考えもしなかった〝歓迎会〟をしてくれた。その場には国本、前述した南民前など多くの人たちが集まってくれた。辿々しい韓国語しか話せなかった私はその場に居る恥ずかしさを押し込め、冷や汗が止まらなかった。司会者は、「この人を良く見てください。誰かに似ていませんか?そうです。在日の金九（キム・グ）です」と紹介すると大きな拍手があった。金九は独立運動、臨時政府の代表者で最も国民の敬愛を受けている人である。そこには前に紹介した姜信錫牧師、金炳均牧師や李鋼（イガン）などの南民前関係者もいた。李鋼は後に日韓保育交流ともつながりができた。日本から訪問する保育関係者は、彼の家族が経営する韓食堂〝花郎宮（ファラングン）〟を、光州を訪れるたびに利用した。南民前で弾圧を受けた人々の〝語りと夕食会〟もそこで行った。

(2)　光州訪問と保育教師らとの出会い

前述した光州での〝であい〟は私の気持を擽った。一九九二年の春の終わりごろだったと思うが、阿望仔（望之門保育園）常務理事の樋口修一と、私の光州で出会った人々のことなどを話をした時、「韓国の光州」に行って見ないか?と提案した。せっかく訪問するなら、ということから〝保育所交流〟を模索することになった。路交館の枝本信一郎にも呼びかけることになった。枝本からは「折角行くのなら関係のある機関にも声をかけよう」との提案があった。それで望之門、聖愛園の保育士と聖和社会館のハヌル子ども会の指導員、乳幼児発達研究所や大阪の公立保育所労組などにも参加を呼びかけることになった。たしか訪問団の主管は研究所が担い、私も含めて一二名だったと記憶するが、八月中旬に研修団はソウルに向かった。

ソウルでの宿所はＹＭＣＡ。ソウルや光州における保育関係者との交流の事前準備は前述の李泰浩、ツアーの通訳と案内は私が担うことになった。通訳といっても正直、私の韓国語の能力は甘く見ても四〇％ほどで案内に困らない程度だったから怖い者知らずだったと言える。今でも枝本信一郎は「あの時のトッカンの通訳はひどいものだった」と話している。

李泰浩の案内で、ソウルの九老（クロ）地域の地託連（地域社会託児所連合会、崔賢淑会長）を訪問、私たちの韓国で最初の保育関係者との交流が始った。翌日、李泰浩が準備してくれたバスで光州に向かった。

光州では李剛ら〝国本〟が旅館の手配や光託委（光州地域託児所委員会）との交流の場を準備してくれた。旅館は五・一八抗争のシンボル、旧道庁の錦南路（クムナムノ）の路地ひとつにあり、朝食は旅館から徒歩数分の花郎宮で食べた。食卓テーブルには白い紙が敷かれ、朝食にもかかわらず所狭しとおかずがならんでいた。これが南道（ナムド、全羅道の俗称）の食卓だという。うずらの茹で玉子と干クルビ（いしもち、南道特産）焼は必ずあった。

光託委との交流会では日韓の保育制度などの意見が交されたのは当然だったが、その場で熱心に〝質問〟をしたのが朴末新（パクマルシン、トダムトダム子どもの家園長）代表で、それが日本側の樋口、枝本に好感を与え、その後の日韓保育交流を進めて行く上での〝出会い〟の動力になったのは間違いない。翌日、無尽のパルサン地域にある保育所を訪問した。パルサン地域は貧困な地域で、トダムの保育士だった金英（キムヨン）の夫、キムジュンの著書によると「そこは紡織工場があって、女子労働者は劣悪な職場環境のなかで働いた」と書かれている。金英は〝ボリオンマ（ボリは麦、オンマはお母さん）〟と呼ばれ、日韓保育交流初期に日本側研修者から親しまれた。彼女は一九九三年五月末から一月間、望之門保育所で研修を受けた。私たちはパルサンの丘の麓でバスを降りて目的地、「パルサン教会ウリトンネ（私たちの街）託児所」に向かった。畑の畦道とも言えないほどの道の先に小さな土造りの教会では、小さな門の奥の狭い部屋（礼拝堂）で若い女性が数人の幼児といた。その保育教師、朱敬南（チュキョンナム）は朴末新とともに初期の日韓保育交流を担うことになる。後、彼女は一九九六年六月～九月の三ヶ月間、聖愛園で保育研修を受け、「共同保育」の理論と実践を、身をもって学ぶことになる。このつながりは後日、日本キリスト教団の日本全国教会学校によるクリスマス献金がパルサン教会の礼拝堂と〝学童保育所〟建築のために使われた。地域の子どもたちのための活動はいまも続いている。

翌日、光州訪問のもうひとつの目的である望月洞に向かった。そこには五・一八の犠牲者の墓がいくつも並んでいた。墓の入り口には砕かれた碑石があった。光州虐殺の首謀者で、後に大統領になった〝全斗煥（チョンドファン）〟が訪問した記念の碑を市民らが壊して入口に埋めたものだ。その割れた碑石を踏み付けて墓地に入った。

ソウルに戻った私たちは、最後の日程である韓国保育の研究者などとの協議会場のある、延世大学校セミナー会議室に行った。校門前は一九八七年六月抗争の起爆剤になった場所だ。そこで李韓烈は機動隊の催涙弾を後頭部に受けて死亡した。私たちが行った日の朝もデモがあって、催涙ガスの刺激臭が残っていた。

(3) 日韓保育交流

一九九二年八月の光州訪問で保育運動との出会いがあったとは言え、その後の〝交流〟に関する展望を持っていた訳ではない。私は、熱い思いで保育運動を模索する朴末新らと〝どうつながれるのか〟という地域運動家としての漠然とした意識を持っていた。一九九三年一月初め李泰浩から、自らもメンバーでもある「住民自治研究会」の大阪研修の依頼だった。その頃になると金泳三政権になって日本訪問も容易になった。韓国の地方自治黎明期で、住民自治への関心とその具体的取り組みが全国的に広がった時期でもあった。彼らの要望は「日本の生協の仕組みと活動」をテーマにした現場研修だった。

ちょうどその頃、私は聖和社会館で「いくの生活ともの会」という共同購入会活動に取り組んでいた時期でもあった。ともの会の始りの時から参加協力してくれていたのが、泉南生協（現、オレンジコープ）常務理事笠原優だったので、李泰浩からの依頼に応えること自体は難しい話ではなかった。この時私はこの機会を利用して光州の朴末新、朱敬南らに保育研修を受ける機会を設けよう、と目論んだ。それで住民自治研究会に研修の受け入れをする条件として、〝光託委の保育士を同行させる〟ことを条件に研修を受けると提案した。研究会のメンバーと一緒に朴末新、朱敬南ら四人の保育士が来日した。後に李泰浩から自治研究会としては、予定になかった〝聖愛園や望之門保育所見学〟が入ったため〝日本の生協活動を知るという、本来の目的を充分に果たせなかった〟という不満があったそうだ。彼女たちの来阪はその後に続く日韓保育交流の流れになる契機ともなった。それはその年の五月、金英（キムヨン）、朱敬南のふたりの保育士が望之門、聖愛園保育所で一月間の保育研修の実現に繋がった。無責任にも私は大病を患い入院先の病院で彼女らに会った。私の役割を望之門の樋口修一が引き受けてくれた。光州託児所の人々との出会いは、三〇年たった今でも昨日の事のように懐かしく思い出す。

あと書き

韓国に居を移して十五年が過ぎ、ソウル郊外の田舎暮らしも長くなった。ずっと猪飼野で生きたので他郷暮らしは難しいと思ったが、ようやく韓国の生活に馴れた。私にとっての他郷は日本ではなく韓国だと思ったりもした。私はひとに語るとき、私の祖国は韓国だが、故郷は大阪、生野猪飼野だと話すことが多い。

六年ほど前に路交館から、韓国の親たちが中心に活動している障がい者施設を訪問したいので協力してほしいとの要請があった。私は祖国で静かに生きたいと思っていた。この〝報告書〟で書いているように、若い時代に地域活動という〝るつぼ〟のなかで慌ただしく暮らした。さんざん人間関係で苦労したのでそっとしておいて欲しいとも思った。しかし、路交館の枝本信一郎にはたくさんの負債（恩義）を抱えていたので少しでも役にたつのならと友人を伝手に、〝木と果実〟という活動を始めて間もない施設を紹介してもらった。こうして、路交館と木と果実の〝日韓インクルーシブ（共生）交流〟が始った。コロナの流行で三年間、本格的な交流はできなかったが私は〝交流の火種〟だけは消さないように努力した。どうもまだ地域活動家としての〝意識〟は、少しは残っているのかも知れない。
本文では、私の一九七五年から一九九五年にわたる猪飼野地域における活動を書いた。記憶と僅かな資料を頼りに書いた。人との出会いが私を育ててくれたと思っているが、同時にその出会いによって地域活動の広がりに繋がった。もう随分と時が経ったけれども、地域活動とそこで出会った人たちのことは今も思い出すことが多い。その人たちとの出会いが私の地域活動を育ててくれた、その懐かしさと感謝の意味をこめた報告書である。

金徳煥（二〇二三年四月）

著者略歴

金徳煥（キム・トッカン）

・1947年生
　猪飼野で育ち働いた。
・2008年より韓国ソウル市北部の郊外で暮らす。
・現在、インクルーシブ（共生）教育研究所 韓国支部事務局長として日韓交流を担う。

出会いが育んだ地域活動
インクルーシブ（共生）教育研究所双書

2023年11月30日　第1刷発行

著　者　金　徳　煥
発行者　中　村　裕　二
発行所　㈲　川　島　書　店
〒165-0026
東京都中野区新井2-16-7
電話　03-3388-5065
（営業）電話・FAX　03-5965-2770

印刷・製本　モリモト印刷株式会社

落丁・乱丁本はお取替いたします　振替・00170-5-34102

＊定価はカバーに表示してあります

ISBN978-4-7610-0952-6　C3036